JN027414

ひとりみの日本史

大塚ひかり

左右社

ひとりみの日本史　目次

凡例

＊本書では、古典文学、史料から引用した原文は〝〟で囲んだ。
＊〝〟内のルビは旧仮名遣いで表記した。
＊引用した原文は本によって読み下し文や振り仮名の異なる場合があるが、巻末にあげた参考原典に依る。ただし読みやすさを優先して句読点や「」を補ったり、片仮名を平仮名に、平仮名を漢字に、旧字体を新字体に、変えたものもある。
＊古代・中世の女性名は正確な読み方が不明なものが大半なので、基本的に振り仮名はつけていない。
＊天武以前の天皇は大王〈おおきみ〉、皇后は大后〈おおきさき〉と呼ばれ、神武、綏靖といった死後の漢風諡〈おくりな〉は八世紀後半に決められたものだが、本書では煩雑さを避けるため諡で呼ぶ。
＊引用文献の趣意を生かすため、やむを得ず差別的な表現を一部使用している場合がある。
＊とくに断りのない限り、現代語訳は筆者による。
＊系図は参考資料をもとに筆者が作製した。
＊年齢は数え年で記載した。

ひとりみの日本史

はじめに

日本の歴史を貫く「ひとりみ」の思想

「ひとりみ」を肯定的に描く日本の大古典

「生涯未婚率の上昇」や「晩婚化」が叫ばれて久しい日本です。

また一方では、「少子化」も問題となって、政府は躍起になって少子化対策をうたっていますし、皆さんの中にも「少子化は問題だね。国力に影響する」と憂えている人もいるでしょう。

中には、ひとりみが増加するのも少子化も「先進国の宿命だ」とか「女が高学歴化したせいだ」とか「働く女が増えたせいだ」などと思っている人もいるかもしれません。

しかし実は、千年以上昔から日本人はそれを理想としていた……というのは言い過ぎにしても、「子などないほうがいいし結婚なんてしなくていい、それが理想の生き方である」という考え方が、文化の中に脈々と受け継がれていた……。

そんなことを言うと、意外に思われる人もいるでしょう。

無理もありません。

日本には「結婚して子を持って一人前」という考え方が、とくに年配者の中に根強くあるのも事実です。

しかし古典文学や史料を読んでいると、どうも昔の知識人の中にはそうとばかりは言えない考え方があったことに気づくのです。

というのも日本で一番有名な古典文学『源氏物語』では、物語最後の主人公の浮舟(うきふね)が、男を拒絶し、見知らぬ尼たちのもとで生きる決意をしている。尼になり、「これで俗世の暮らしをせねばいけないと思わなくて済むようになった、それこそが実に素晴らしいことだと、胸の晴れる気持ちになられた」(〝世に経(ふ)べきものとは思ひかけずなりぬるこそは、いとめでたきことなれと、胸のあきたる心地したまひける〟)(「手習」巻)
つまり結婚しないで済むと思うと、心がすっきりしたというのです。
そんな『源氏物語』が〝物語の出(い)で来はじめの親〟(「絵合」巻)と称する『竹取物語』のヒロインかぐや姫は、五人の男たちやミカドの求婚をも袖にして月へ帰っていく。
そういう物語が日本では、子ども向けの童話にも描かれ、親しまれているのです。

そんな『源氏物語』の作者である紫式部の曾祖父の藤原兼輔（かねすけ）は、聖徳太子の伝記『聖徳太子伝暦』の編纂者であると伝えられています。そして、この本には、聖徳太子が墓を造る際、自ら墓の内に入って、四方を望んで左右の者にこう言ったと記されています。

「ここを必ず断ち、あそこを必ず切れ。子孫を絶滅させたいと思うのだ」（〝この処をば必ず断ち、かの処をば必ず切れ。子孫の後を絶つべからしめんと思うなり〟）

と。

また、南北朝時代の兼好法師も、

「我が身が高貴であっても、まして数にも入らぬ場合にも、子というものはないほうがいい」（〝わが身のやんごとなからんにも、まして数ならざらんにも、子といふ物なくてありなん〟）

と主張し、醍醐（だいご）天皇の皇子の兼明（かねあきら）親王や、源有仁（ありひと）といった貴人が皆、一族が絶えることを願った等のエピソードと共に、先の聖徳太子の話を紹介しています（『徒然草』第六段）。

子はいないほうがいい、いても絶滅したほうがいい……そんな考えが賢人の思想として肯定的に披露されているのです。

ここには、〝おとろへたる末の世〟（第二三段）だからという末法思想、時代が下れば下るほど人も物もダメになっていくという考え方が横たわっているのは確かなのですが、兼好法師は子だけでなく、

「妻というものこそ、男の持つべきではないものだ」（〝妻（め）といふものこそ、男（をのこ）の持つまじき

ものなれ〟）（第一九〇段）
と言っている。もっともこれは馴れ合いを嫌っているからで、男が女のもとに通う「通い婚」であればいつまでも新鮮で良いと言っているのですが、
「子などができて、大事に可愛がっているのは情けないものだ」（〝子など出で来て、かしづき愛したる、心憂し〟）
とも言っていて、全体に子孫繁栄とか一家団欒といったことを嫌っています。

『竹取物語』『源氏物語』『徒然草』といえば、日本を代表する大古典です。

後世の文芸はもちろん、社会に与えた影響ははかり知れません。

その三作品が三作品とも、結婚拒否の思想に貫かれている。

しかも、日本最古の文学である『古事記』によると、この日本には、イザナキ・イザナミといった夫婦神が現れる前に、アメノミナカヌシノ神やタカミムスヒノ神、カムムスヒノ神といった性別不明な七柱の〝独神〟たちがいたとされている（上巻）。

原初の日本にはひとりみの神々がいて、とくに最初の五柱の独神たちは〝別天つ神〟すなわちスペシャルな別格神として、のちのちこの世界に強い影響力を持つという設定なんです。

これは見過ごしにできないことではないでしょうか。

実は結婚できない人が大半だった

ここで、昔の結婚事情に少し触れておきましょう。

実はかつて結婚は、特権階級にだけゆるされたいとなみでした。

鬼頭宏によると、中世の隷属農民や傍系親族（戸主のオジ・兄弟など）の「多くは晩婚であり、あるいは生涯を独身で過ごす者が多かった」といい、「だれもが生涯に一度は結婚するのが当たり前という生涯独身率の低い『皆婚社会』が成立」するのは十六・十七世紀になってからのことでした（『人口から読む日本の歴史』）。市場経済の拡大によって、晩婚あるいは生涯を独身で過ごす下人などの隷属農民が、この時期、自立ないしは消滅した。それによって社会全体の有配偶率が高まったわけです。

けれどそうした時代を迎えても、既婚率が一〇〇％でないのは当然で、信濃（しなの）国湯舟沢村を例にとると、一六七五年の既婚率は男性全体で五四％、女性全体で六八％。約一世紀後の一七七一年には上昇するというデータがあるとはいえ、十七世紀時点の未婚率は男四六％、女三二％という高いものでした（鬼頭氏前掲書）。

「皆婚社会」になったとされる十七世紀ですらこの状態だったのです。

都市部に限ってみれば、婚姻率は幕末になっても相変わらず低く、江戸の男性の半数、京の男性の六割近くが独身でした。

ましてそれ以前の古代・中世では、家族を持てる階級は限られており、下人と呼ばれる隷属的な使用人は、一生独身か、片親家庭がほとんどでした。

これは拙著『昔話はなぜ、お爺さんとお婆さんが主役なのか』でも紹介したのですが、大隅国禰寝（建部）氏が一二七六年、嫡子らに譲渡した下人九十五名（うち一人は解放）の内訳が記された資料を、磯貝富士男「下人の家族と女性」（『日本家族史論集4　家族と社会』所収）によって計算すると、下人には三世代同居は一例もなく、夫婦揃った者は九例二十七名（約二八・七％）で、そのうち夫婦だけが三例六名、夫婦揃って子のいる者は六例二十一名で、全体の約二二・三％に過ぎません。

最多はひとりみ（単独）です。

ひとりみは、女二十二名、男十八名の計四十名。

計算すると全体（九十四名）の約四二・六％を占めています。子はいるけれど配偶者はいない母子家庭・父子家庭は十二例二十七名（約二八・七％）です。

これが鎌倉中期の下層民の実態です。

室町時代から江戸時代初期、十四世紀から十七世紀にかけて作られた御伽草子と呼ばれる物語群には「一寸法師」や「浦島太郎」「ものくさ太郎」や「姥皮」といった今の昔話の源流に位置するような話が詰まっているのですが、その話の多くが、「結婚してたくさんの子が生まれました、めでたしめでたし」で終わるのは、結婚して家庭を持つことが多くの庶民にとって憧れだったからなのです。

昔話に一人暮らしのお爺さんが多いわけ

特筆すべきは既婚率には男女差があることで、十六世紀から十九世紀の下人や農民、都市部の人々の全般で、男の既婚率は女より低いものでした。独身女より独身男のほうが多かったのです。

こうした実態は昔話にも反映されています。

柳田國男の『日本の昔話』(角川文庫版)百六話のうち人間を主体とした八十九話中、老人が主人公であるのは二十八話、そのうち十七話の老人が働いていて(六割強)、老夫婦の話が十三話、一人暮らしが五話(爺四話、婆一話)。その他、一人暮らしと明記されないものの、子や配偶者の登場しない老人の話が六話(爺五話、婆一話)、ひとりみの老人が子どもと暮らす話は四話です。

三世代同居の話は一つもなく、一人暮らしの場合は爺が婆の四倍となっている。昔話が作られ語られた時代には、とくに男の独身率が高かったという実態を反映しているのでしょう。

なぜ男の独身率が高いのか。そのあたりの理由はよく分かりませんが、裕福な階層では一夫多妻が行われていたため、一人の男に女が集中して、あぶれる男が出てくるといったことがあったのでしょうか。

時代を遡れば、平安末期に編まれた『今昔物語集』の伝える有名な「わらしべ長者」も、男の結婚難や生活苦を背景に生まれた物語です。

子沢山を嫌った江戸後期の庶民

皆婚社会が実現する十六・十七世紀になるまで、結婚は特権階級にゆるされるものであった、だから御伽草子には結婚への憧れが描かれていた、と書きましたが、実は、近世後期から幕末にかけては人口が停滞し、「一世帯当たりの平均子ども数が一・二人前後という数値は近世後期の村落よりは少し多い」という少子化ぶりでした。しかも当時、「子どもの数を一人から二人に限定したいという文言に出会うことは珍しくな」く、「一般には子沢山が嫌われていた」（太田素子『子宝と子返し——近世農村の家族生活と子育て』）といいます。

結婚が庶民にもできるものになってくると、冒頭に紹介した、特権階級の人々が綴った文学と同じような、「少子」への志向が現れてくるのです。

理由については太田氏が分析していますし、この本でも追々触れる機会はありましょうが、時代ごと様々な理由や事情によって、日本人が少子を志向する一面があるのは興味深いものがあります。

昔に似つつある現代日本

翻って今はどうでしょう。

低所得の男性の結婚率が低いことはかねていわれてきたことですが、近年、社会全体に単身世帯が激増していることが明らかになっています。

令和二年度（二〇二〇）の国勢調査によると、一般世帯のうち、世帯人員が一人の単身世帯（単独世帯）は三八・一%、「夫婦と子供から成る世帯」は二五・一%、「夫婦のみの世帯」は二〇・一%、「ひとり親と子供から成る世帯」は九・〇%でした。

二〇一五年と比べると、「単独世帯」は一四・八%も増えて、一般世帯に占める割合は三四・六%から三八・一%に上昇しています（https://www.stat.go.jp/data/kokusei/2020/kekka/pdf/outline_01.pdf 35ページ）。

先に紹介した鎌倉中期の下人の家族形態に似ていませんか？

下人には三世代同居は一例もなく、夫婦揃って子もいる家庭は全体の二二・三%、最多はひとりみ（単独）で、全体の約四二・六%でした。母子家庭・父子家庭といった、ひとり親と子の世帯も多かったものです。

現代日本は全体に下流化しているのか、それとも家族の形態や概念が変わってきているのか。

今のところ、その両方の要素があるという気がしています。

歴史上、ひとりみだったのはどんな人々か

現代日本で「非婚」の人が増えているのは、一つには日本全体が貧しくなっていることがあるでしょう。

それとは別に家族というものの概念が変化し、非婚のまま「事実婚」を選ぶカップルや、同性婚を認められていないがゆえに結婚という手段をとれないカップルが少しずつ増えてきたということもあるかもしれません。

さらに、本人に結婚の意志がなく、非婚でいる場合もあるでしょうし、結婚したくても出会いがない、できないということもあるでしょう。

つまり同じ「非婚」といっても、現代のそれは、前近代と比べると、個々人による事情の幅が大きいということが一つ言えます。

にもかかわらず、本人の意志とは関係なく、ある程度の年齢になると、親や世間からの「結婚」のプレッシャーは、まだまだ根強いものがあります。そもそも「少子化」を問題視する国の姿勢自体、「非婚」を否定し、「結婚」へのプレッシャーにつながっています。非婚のまま、子を持てる制度や環境が整っていればともかく、今の日本はそうではないので、とくに子を持つことは、どうしても結婚が前提となってしまうのです。

そうした現状を歴史の中で位置づけ、未来を予測するためにも、注目したいのが「ひとりみ」でいた、歴史上、そして歴史を反映する物語上の人々です。

そこには、先述のように社会的地位の低さゆえ、貧しさゆえにひとりみでいざるを得なかった人々のほか、宗教的な立場の、職業上ひとりみでいることを強いられる人々、性的な嗜好などからあえてひとりみを選んだ人々、さらには後世の偏見によって「あの人はあんなだから、ひとりみで生涯を終えたのだ」と決めつけられた伝説上のひとりみの人もいます。

彼らの生まれた背景や、思想や嗜好を見ていくことで、長い日本の歴史におけるひとりみの人々がどんな思いで生きてきたのか、また、世間はひとりみの人をどんな目で見ていたのか、結婚とは、家族とは一体なんなのか……等々を考えていけたらと思います。

第一章

〝独神〟というひとりみの神々がいた——太古の日本の家族観

〝独神〟というスペシャルな神々の存在

ひとりみについて考える時、見逃せないのが日本最古の文学にして歴史書の『古事記』に出てくる神様です。

日本の神様というと、イザナキ・イザナミのような夫婦神だったり、オホクニヌシノ神のようにたくさんの女たちと関係を持って、神々や国土を創成したというイメージがないでしょうか。

そうした神々が多いのも確かなのですが、実は、『古事記』や『日本書紀』に最初に登場するのは、ひとりみの神様なのです。

『古事記』には、イザナキ・イザナミなどの夫婦神の前にその名も〝独神〟と称する不思議な神々が登場します。

まず天地が初めて発動した時、アメノミナカヌシ、タカミムスヒ、カムムスヒという神々が高天原に生成し、

〃並(とも)に独神と成(な)り坐(ま)して、身を隠しき〃

皆、独身の神として消えていった。

次に、まだ国が、浮いた脂(あぶら)のように、くらげさながらゆらゆらと漂っている時、葦が芽を吹くように泥の中から萌え出てきたのが、ウマシアシカビヒコヂ、アメノトコタチという神々で、同じように独身の神として消えていく。

これら五柱の神々は〃別天(ことあま)つ神〃というスペシャルな神となり、そのあとにも、クニノトコタチノ神、トヨクモノノ神という二柱の神が〃独神〃として身を隠しています。

彼らの性別は分からないものの、タカミムスヒにはオモヒカネノ神、カムムスヒにはスクナビコナノ神という子がいるという設定です。

しかし、だからといって女神（シングルマザー）とは限りません。日本神話では男神も子を生むからです。

イザナキは妻イザナミを追って黄泉(よみ)に行った帰りに、穢(けが)れを落とす禊(みそぎ)によって、身につけたものや目鼻から子を生んでいます。子を生むからといって女神であるとは限らないのです。

ただし子のいる独神のうち、カムムスヒは別の箇所で〃御祖命(みおやのみこと)〃と呼ばれており、『古事記』ではミオヤは母親を意味する場合が多いことから女神と考えられています（西郷信綱

『古事記注釈』第一巻）。

このあたり、神話ならではのジェンダーレスさが浮き彫りになっています。

それにしても、なぜ夫婦神の前に独身神を神話は設定したのか。

その神たちがのちに夫婦神に指図をするなど、尊貴な長老的存在として君臨していることは何を意味するのか？

調べても、その手の論文もなく、明快な答えは分かりませんでした。なので本章では、自分なりの考えを綴ってみたいと思います。

ちなみに『日本書紀』では独身神は、クニノトコタチ、クニノサッチ、トヨクムヌの三人（三柱）で、彼らは〝純男（ひたを）〟といって、〝乾道独り化す（けんだうひとりなす）〟（陰陽の結合＝男女のセックスによらずに生まれた）純度の高い男たちとされています。ただし、男女の交合によらずに生まれた純男というのは、男尊女卑の古代中国思想の影響で、もとからそうした設定であったわけではなさそうです。

またたとえば、セックスを罪悪視するキリスト教では、処女懐胎によってキリストが生まれたとされたりするものですが、日本は夫婦神のセックスによって国土や神々が生まれたとされるお国柄。セックスが罪悪視されているわけではありません。

にもかかわらず、はじめに夫婦神ではなく、独身の神たちが現れて、その一部はＶＩＰ神として神々を操るという設定であるのはなぜなのか。

一つには、性が未分化な、無性動物的な、原初の神の状態を示しているというのが思いつきやすい要素としてあります。

日本の古態を残しているとされる『古事記』でも、また『日本書紀』でも、独神に限らず、イザナキ・イザナミに至る夫婦神たちも、セックスによって生まれるのではなく、〝成り〟(『古事記』)、〝有り〟(『日本書紀』)などという形で自然発生しています。

思うに独神は、こうした原初の神の状態の中でも、より原初に近い神の形と考えられていたのかもしれません。

もう一つ、それと関連して思いつくのは、結婚とか夫婦といった概念が発生する前、自然発生的に人と人が結びついたり離れたり、子が生まれたりしていた、原初の社会の形を反映しているのではないか。

「夫婦」も「結婚」もなかった? 太古の日本

繰り返すように、『古事記』の独神は、対(つい)となる異性神もないまま、結婚したととくに記されることもないまま、いつの間にか子がいたりします。

それは、「人間には男女の二種があり、彼らは対となるもの」「男と女は結婚して夫婦となるもの」、要するに「夫婦は家族の最小単位である」という観念が定着する以前の人の営みを反映しているのではないか。

誰かが誰かと交わって、子を生む。その誰かとは必ずしも同居しているわけではなく、生まれた子もその二人によって育てられるわけではない。捨てられる子もいれば、その捨てられた子を我が子として育てる者もいる……そんな太古の昔の状態を、体現しているのではないか。

私がそんなふうに思うのは、一つには、日本神話に、こうした原初の状態の名残ともいうべきエピソードが紛れ込んでいるからです。

たとえばイザナキ・イザナミ夫婦が最初に生んだ子は、足の萎えたぐにゃぐにゃな子であるということで、葦船に入れて捨てられていますし、オホナムチ（大国主神）の関係した女神の一人であるヤカミヒメは、〝適妻（むかひめ）〟（正妻）のスセリビメを恐れ、自分の生んだ子を木の股に挟んで逃げ帰っています（『古事記』上巻）。

また、有名な三輪山伝説は、どこの誰とも分からぬ美麗な男を通わせるうち、娘が妊娠したため、父母が娘に教え、男の正体を知る話です。その際、父母は、

〝汝（なむち）は、自（おのづか）ら妊（はら）めり。夫（を）無きに、何（なに）の由（ゆゑ）にか妊身（はら）める〟（そなたはいつの間にか妊娠している。夫もないのになぜ妊娠したの）

と問うています。父母は、娘のもとに男が通っていることすら知らなかったのです。夜な

夜な男が来ていることを娘から聞き出した父母は、寝床に赤土を撒いておいて、麻糸を通した針を男の着物の裾に刺すよう娘に教え、この糸を辿って、男の正体が神であると知るという設定です（『古事記』中巻）。

『播磨国風土記』にはこんな話もあります。

ミチヌシヒメノ命が、父のない子を生んだ。それで父を決めるため、酒を醸して、〝諸（もろもろ）の神たち〟を集め、その子に酒を持たせて、捧げさせた。すると、その子はアメノマヒトツノ命に向かって酒を奉ったので、父が分かった、と。

いずれにしても、結婚が制度化していない、ゆるい状態の性の形、さらには父と母と子が揃ってこそという家族観が成立する前の家族の形が、垣間見えます。

もちろん、序によると『古事記』が編纂されたのは七一二年、『風土記』にしても撰進が命じられたのは七一三年で、そのころには、中国から戸籍や律令制度というのが輸入されています。それでも、男が女の実家に通う「通い婚」があって、上流階級では一夫多妻の場合もあり、必ずしも夫婦は同居するとは限りませんでした。肝心なのは、この時代、上記のような神話が作られ、人々に受け入れられていたということです。

同居しない夫婦や、父の分からぬ子、いつの間にか妊娠するといった話が、語られ、受け入れられた背景には、「夫婦が家族の最小単位である」という観念がまだなかった時代の記憶があったのではないか。

かつて「夫婦」は家族の最小単位ではなかった

これは、拙著『ジェンダーレスの日本史』でも紹介したことなのですが、実は、古墳に年齢の近い男女二人が合葬されていた場合、かつては何の根拠もなく、先入観から「夫婦」と断定されていました。ところが骨や歯の分析による最新の研究によって、夫婦ではなく、姉弟や兄妹といった「キョウダイ」であることが判明したのです。

「実際の同棺男女埋葬の事例を分析すると、夫婦という『思い込み』を捨てざるを得ないことが明らかとなる」（田中良之『骨が語る古代の家族――親族と社会』）

「弥生時代終末期から五世紀代までの古墳時代前半期の被葬者は同世代の血縁者だけで構成されるのが基本」（田中良之「古代の家族」赤坂憲雄ほか編『女の領域・男の領域』所収）

というのです。

当時の、少なくとも埋葬については、婚姻による結びつきよりも「キョウダイ原理」（田中氏前掲論文）が働いていたわけです。

しかも婚姻による結びつきといっても、妻方への通い婚、夫婦同居婚などが混在し、生まれた子も父に帰属する場合と母に帰属する場合とがありました。現在の私たちが想像するような固定化した「家族」とか「夫婦」とは違う「共同体」が、事実としてあったのです。

そんな遠い昔の記憶が神話には反映されていて、「独神」という、結婚もしない、しかし子がいる場合もある、不思議な神を生み出したのではないか。

そうした独神の一部が、夫婦神の上に君臨するＶＩＰ神とされているのは、彼らが夫婦神たちの祖神という認識があったからではないかと思うのです。

まとめると……現代人にとって、家族というとまず結婚、そして夫婦が最小単位として頭に浮かびがちですが、少なくとも古墳時代には違いました。

〝独神〟が神話の冒頭にあって、しかも重要な役割を果たしているのは、「夫婦」が家族の最小単位となる以前、「結婚」という形が家族を作るための必須要素ではなかった時代、「夫婦原理」よりもキョウダイ原理で動いていた時代の名残ではないかというのが私の考えです。

夫婦が必ずしも家族の単位ではなかったという、太古の昔の視線を取り入れると、「ひとりみ」であることや、家族の可能性というものが一気に広がるのではないか、とも考えます。

独神は、ひとりみにとって、また家族というものにとって、非常に重要なヒントを与えてくれる存在であると思うゆえんです。

第二章

卑弥呼は「ひとりみ」か？——即位前は、夫も子もいた古代の女帝

〝夫壻なく〟とされる卑弥呼

太古の「ひとりみ」として思い出されるのは、弥生時代終末期の卑弥呼です。

まだ日本に文字のなかった三世紀前半の卑弥呼が記録に残っているのは、中国の『三国志』（三世紀）の「魏書」第三十「東夷伝」の倭人の項目、いわゆる『魏志倭人伝』に記されているからで、それによると当時の倭国はもとは男を王として七、八十年間であったが、戦乱が何年も続いたので、卑弥呼と呼ばれる女子を共に立てて王にした、それによって国が治まったといいます。

彼女は〝鬼道〟（シャーマニズムとも中国的な道徳観にそぐわぬ政道ともいい諸説あり）を事とし、よく衆を惑わしていて、さらに、

〝年、已(すで)に長大なるも、夫壻(ふせい)無く〟

と、独身だったとされています。

そして、〃男弟〃が国政の補佐をし、卑弥呼は王となって以来、その姿を見る者は少なく、婢千人が仕えていた。

ただし男子が一人あり、飲食を給仕し、そのことばを伝え、居室に出入りしていた。宮室や楼観、城柵を厳かに設け、常に人がいて兵を持して守衛していた。

要するに卑弥呼は巫女で独身だったというのです。

人前に姿を見せないようにしていたのは神秘性を保つためでしょう。

卑弥呼には婚姻・出産経験があった？

もっとも最近の研究では、卑弥呼の時代には祭政未分化で、女は祭祀、男は政治といった明確な役割分担はなく、男女共に祭祀に関わっていたので、卑弥呼が祭祀だけ司っていたような記述は、当時すでに父系社会で男尊女卑の気風のあった中国側の先入観が影響していたとされています。

しかも清家章によれば、中小古墳の女性被葬者をはじめ、前方後円墳の被葬者である女性、つまりは地域の小首長のみならず大首長クラスの女性にも妊娠痕があり、

「女性首長も基本的に婚姻と子供を産むことが許容されていたと考えるべきであろう」

といいます（『卑弥呼と女性首長』）。

独身シャーマンのイメージの強い古代の女性首長の多くは妊娠出産していたわけです。清家氏によればしかし、首長の在位中は独身であった可能性もあるとのこと。卑弥呼より三百年以上のちの人物ですが、日本最初の女性天皇である推古天皇も、敏達天皇の皇后時代には七人の皇子女をもうけているものの、即位後は独身を貫いています。

ここで気になるのは、『日本書紀』では卑弥呼は神功皇后に比定されていることです。『日本書紀』の編者は神功皇后が『魏志倭人伝』に記された卑弥呼に当たると見なして、年代設定しているのです（新編日本古典文学全集『日本書紀』1　校注、義江明子『つくられた卑弥呼――〈女〉の創出と国家』など）。

義江明子は、『魏志倭人伝』の卑弥呼像を承知の『日本書紀』の編者が、戦闘や政治も行い、妻であり母でもあった神功皇后と卑弥呼を重ね合わせている事実は、「それが少しも不都合とは考えられていなかったことを示している」（前掲書）と指摘しています。

神功皇后は、神意を伝える巫女的な役割だけでなく、九州や新羅に遠征するなどの軍事や政治も司っており、夫仲哀天皇の死後、亡き仲哀のタネである応神天皇をもうけています（戦いのためその産み月を止めようと石を帯に挟んでいたというのは有名な伝説で、父親についても仲哀ではなく、タケウチノスクネ大臣という説もあります）。しかも巫女的な役割にしても、『古事記』によれば、夫の仲哀天皇が琴を弾いて神を下ろし、タケウチノスクネ大臣が神意を問うたのに応じ、神功皇后が神を依せて神意を告げる……というふうに、男帝である夫や大臣との共同作業でした。

ここからしても、男女共に祭祀に関わっていたという考古学者の指摘は納得できます。そんな神功皇后には、推古天皇や斉明天皇、持統天皇といった初期の女帝と同様、即位前には夫（天皇）がいて、子もいた。

ということは、『日本書紀』では、卑弥呼は神功皇后に相当しますから、義江氏の指摘するように、『日本書紀』の編者は卑弥呼には夫や子がいても不思議ではないと考えていたことになります。

卑弥呼は本当に「ひとりみ」だったのか

神功皇后は伝説的な部分の多い人物とはいえ、『日本書紀』では巻第九という一巻を与えられ、天皇と同等の扱いを受けています。

倭国の首長だった卑弥呼も〝男弟〟と共に政務を司り、女王になる前は妊娠出産していた可能性もないとは言えません。

紹介したように『魏志倭人伝』には、卑弥呼は年はいっても夫がいないとあって、独身のようにも見えますが、『魏志倭人伝』や『古事記』『日本書紀』などは、

「中国的な親族・家族観に基づいて記載されたり、律令期の潤色の可能性があったりで、当

時の実態をそのまま伝えているか疑わしい面がある」（田中良之「古代の家族」……『いくつもの日本Ⅵ　女の領域・男の領域』所収）といい、ことば通りに受け取るのは危険なようです。

「8世紀頃まで、男女は結婚しても当分のあいだは一緒には住まないことが普通だった」（久留島典子ほか編『歴史を読み替える　ジェンダーから見た日本史』）ことからしても、卑弥呼に出産経験があったり、同居しない夫がいた可能性も有り、でしょう。

卑弥呼の生きた弥生時代終末期、結婚は後世と比べればずっと流動的で、家族や社会は父系・母系の両方の要素を持つ「双系」だったといわれます。しかも直後の古墳時代を見ても、前期・中期とも、中小古墳の場合には、最初に葬られる「初葬者」の男女の比率はほぼ同じ。

これは「男性家長と女性家長が同じ比率で存在していることを示している」（清家章『埋葬からみた古墳時代――女性・親族・王権』）わけで、つまり家長も男女同率で存在していたことを意味します。

そうした社会で、妊娠・出産経験のある卑弥呼が、女王に推され、その後はひとりみでいたという可能性も考えられるのではないか。

補佐する〝男弟〟のほか、飲食の世話などをする男子が一人いたというのも気になるところです。何より、卑弥呼の死後、男王が立ったものの、国が治まらなかったため、卑弥呼の〝宗女〟の十三歳の少女を立てて王としたという『魏志倭人伝』の記事が引っかかります。

宗とは「よつぎ」とか「長子」の意ですから、宗女とは嫡女のことです。卑弥呼は独身なんだからということで、通常、「一族の娘」と訳されますが、卑弥呼の生きた弥生時代終末期の直後の古墳時代前期の状況……家長は男女半々で、大・中小古墳の女性被葬者（女性首長）のほとんどに妊娠痕があった……からすると、あるいは卑弥呼の血を継ぐ子孫であった可能性もあるのでは……などと想像が広がります。

女帝の夫は一人とは限らない

確かなのは、中国側が卑弥呼を独身と伝えていること、推古天皇や皇極（こうぎょく）天皇（重祚（ちょうそ）して斉明天皇）、持統天皇といった女帝は、在位中はひとりみであったことです。さらに七一五年に即位した元正（げんしょう）天皇以後の女帝はすべて生涯独身のまま終わります。

理由は、男系を守るためであるというのは容易に想像できるところですが、見てきたように、太古の昔は、父系・母系の両方の要素を持つ双系社会でした。

『魏志倭人伝』の卑弥呼が独身と伝えられるのは父系化の進んだ中国の価値観が大きく影響しているでしょうし、日本にしても五世紀以降の父系化の進行と、七世紀以降の天皇の地位の確立が相まって、男系相続が基本になっていったわけです。すると女帝に子がいるとまずいことになる。

天皇家の歴史を見ると、もともと女帝は天皇の皇后がなっていて（元明（げんめい）天皇は即位しないまま死んだ草壁皇子の妻なので例外です）、子の父親は天皇ですから問題はないのですが、当時は再婚や再々婚が多く、皇極天皇にしても舒明天皇と結婚して葛城皇子（天智）、間人皇女、大海人皇子（天武）を生む前は、高向王の妻として漢皇子という男子を生んでいました（『日本書紀』斉明天皇即位前紀）。もしもこの漢皇子が即位すれば、「女系天皇」となってしまうわけです。

だから、即位後の女帝は独身でいることを求められたのでしょうし、できれば一生、独身でいることが理想とされたのでしょう。

初セックス後、「もう男と交わりたいとは思わない」と、ひとりみを貫いた皇女

女帝と独身ということに関しては、一つ興味深い話があります。

『古事記』によると、清寧天皇は皇后も皇子もなかったので、没後、天下を治める王がいなかった。そこでイチノヘノオシハワケノ王（履中天皇の皇子で雄略天皇に殺されたが、『播磨国風土記』には〝市辺天皇命〟とあり即位したことになっている）の妹のイヒドヨノ王（別名オシヌミノイラツメ）が葛城の忍海の〝高木角刺宮〟に迎えられた（下巻）。『日本書紀』履中天皇即位前紀では、イヒドヨは履中天皇の皇女とあって、系図に多少の乱れはあるものの、イチノヘノオシハワケの妹であれ、履中の皇女であれ、皇位継承の資格があると見なされたのでしょう。イヒドヨは推古に先立つ女帝と見なされてもいたようで、義江氏も指摘す

るように、平安末期成立の『扶桑略記』には〝飯豊天皇、第二十四代女帝〟と記されています。

古い伝承の残る『風土記』には、『日本書紀』が天皇を決定する以前、天皇と見なされていた人の記録があって、イチノヘノオシハワケもその一人です。

そんなイチノヘノオシハワケの妹もしくは履中の皇女であるイヒドヨは、天皇の空位のあいだ、政務を執っていました。そして『日本書紀』は彼女の婚姻を、こんなふうに伝えているのです。

〝飯豊皇女、角刺宮にして、夫と初めて交したまふ。人に謂りて曰はく、『一ら女道を知りぬ。又安にぞ異なるべけむ。終に男に交ることを願はじ』とのたまふ〟（清寧天皇三年七月条）

角刺宮で〝臨朝秉政〟（『日本書紀』顕宗天皇即位前紀）をしていたと伝えられるイヒドヨは実質的な女帝です。

そんな女性が〝夫〟と初セックス後、

「女の道は分かった。とくに変わったことはない。もう男と交わりたいとは思わない」

と言ったわけです。

さて、こうしたイヒドヨの有様が『日本書紀』に伝えられていることについて、義江氏は、『日本書紀』の編者が、

「古い時代の無視しえない女性統治者の伝承として書きとどめた」といい、「倭人伝の『年、已に長大なるも夫壻無し』というヒミコの姿も、ことさらに、神に仕える処女を意味するものとは受け取らなかった。だからこそ、妻であり、妊娠中の身で出征した神功皇后を、ヒミコに重ね合わせて怪しまなかったのである」（前掲書）

と指摘しています。

中国側の歴史書に卑弥呼は独身の巫女だと記されているにもかかわらず、『日本書紀』の編者が卑弥呼を夫や子のいる神功皇后に重ねているのは、女帝は必ずしも生涯独身とは限らず、子がいたり軍備や政務を司ったりすることが、当たり前だったから、というんです。

この指摘には目からウロコが落ちたものです。

卑弥呼のひとりみは神秘性を保つため？

まとめると、古代の女帝は、女帝でいるあいだは「ひとりみ」であっても、即位前には夫や子をもうけていた。『日本書紀』では巻第九という一巻を与えられ、天皇と同等の扱いを受けている神功皇后も当然のように、即位前は仲哀天皇という夫がいて、夫の死後は子（応神天皇）をもうけていた。『日本書紀』は卑弥呼をこの神功皇后に比定している。ということは、編者は、卑弥呼に夫や子がいても不都合ではないと考えていた。しかも、卑弥呼の生きた弥生時代終末期の直後の古墳時代の女性被葬者は、地域の小首長のみならず大首長クラスの女性にも妊娠痕があった。

つまり、倭国の女王になる前、卑弥呼に夫や子がいた可能性は限りなく高いということになるんですね。

逆に言うと……少なくとも『日本書紀』が成立する七二〇年ころには、女王でいるあいだ、女帝でいるあいだは、「ひとりみ」でいることが求められた。

それは、すでに天皇制においては男系相続の法則ができあがっていた当時、「女系」天皇の誕生を防ぐためでもあったでしょう。

ただし、卑弥呼の生きていた三世紀当時に、男系相続の法則ができあがっていたとは考えにくく、卑弥呼の〝宗女〟である少女も、ひょっとしたら卑弥呼の血を継ぐ子孫であったという可能性もあったのではないか、という気もします。

結婚を反古にされてひとりみに……赤猪子の物語

ちなみに古代には、天皇とかわした結婚の約束を反故にされたため、ひとりみになってしまった女の話も伝えられています。

雄略天皇（大長谷若建命）は、稲荷山古墳から出土した五世紀後半の鉄剣に「獲加多支鹵大王」の文字があり、また中国側の記録（『宋書』）に残されている倭の武王と考えられており、実在したことが確実な天皇です。

『古事記』によると、そんな雄略天皇が、ある時、遊びに出かけ、美和河に辿り着いたところ、河のほとりに、着物を洗う〝童女〟がいた。実に美しい乙女だったため、雄略が、

「そなたは誰の子か」

と問うと、

「私の名は、引田部赤猪子といいます」

と乙女。

「そなたは、男と結婚せずにいよ。間もなく召そう」(〝汝は、夫に嫁はずあれ。今喚してむ〟)

天皇は乙女にそう伝えさせて、宮に戻りました。

以来、赤猪子は天皇の命を仰ぎ待つうち、八十年が経ってしまいます。

って、待ちすぎなんだよ!と思いますが、八十年経ってから赤猪子は、

「お召しを待つうちに、すでに多くの年を経てしまった。容姿は痩せ衰え、頼みにするものもない。けれど、待ち続けた私の気持ちを主張しないでは、私の心がおさまらない」

そう考えて、たくさんの贈り物を従者に持たせて、参内して献上した。男が女のもとに通っていた妻問婚が行われていた当時、結納の品は、今と違って女が男に贈っていたのです。しかし、赤猪子の場合、男が訪れて来ないため、自分で結納の品を男に持参したわけです。

ところが雄略は、八十年前の約束などすっかり忘れていたため、

「そなたはどこの老女か。どういうわけで参ったのだ」

と問うた。赤猪子にわけを聞いた雄略はたいへん驚き、また、いたずらに女盛りを過ごした赤猪子を、いじらしくも不憫に思い、心の中では、

「セックスしたい」(〃婚はむ〃)

と思うものの、赤猪子があまりに老い衰えて、「交わることができない」(〃婚を成すこと得ぬ〃)のを悲しんで、彼女にこんな歌を贈りました。

「三輪の社の近寄りがたい神聖な樫の木のもと、その樫の木のもとの、近寄りがたい神聖な童女よ」(〃御諸の　厳白檮が下　白檮が下　忌々しきかも　白檮原童女〃)

「引田の若い栗林。若いうちに寝てしまえば良かったものを。老いてしまったよ」(〃引田の若栗栖原　若くへに　率寝てましもの　老いにけるかも〃)

これを聞いた赤猪子の泣く涙が、着ていた丹摺(赤土を摺りつけて染めた衣)の袖をすっかり濡らした。そして彼女はこう返歌した。

「三輪の社に築く玉垣、神のもとに仕えて離れなかった宮人の私は、今は誰を頼ったらいいのでしょう」(〃御諸に　築くや玉垣　つき余し　誰にかも依らむ　神の宮人〃)

「日下江の入江の蓮、今を盛りと咲く花蓮、そんな若い盛りの人が羨ましい」(〃日下江の入江の蓮　花蓮　身の盛り人　羨しきろかも〃)

雄略は、たくさんの贈り物を老女に与え、帰してやった。

そう話は結ばれています。

未婚の女は可哀想？

なんとも可哀想なひとりみ老女ですが、老女が三輪山の山麓を流れるあたりの河で洗濯をしていたことや、その歌などから、三輪の社の巫女だったという説もあります。従者がいることや、天皇にたくさんの結納の品を用意できる経済力などからしても、考えられることです。

だとすると、少なくとも神に仕えているあいだは結婚しないことがデフォルトなのでしょうが、この老女がずっと結婚しなかったため、三輪の社の巫女に掛けた歌を、後付けでうたった可能性もあるのではないか。つまりずっと未婚だった老女を、未婚の巫女になぞらえたわけです。

実際のところは分かりませんし、八十年も待ち続ける前に、普通はアクションを起こすはずです。雄略にしても、八十年経てばお爺さんになっています（ちなみに『古事記』によると雄略は百二十四歳まで生きたことになっています）。雄略は実在の人物とはいえ、かなり説話的な要素が強いエピソードであることは確かでしょう。

いずれにしても、太古の人は、あたら若いみそらを、男と交わることもせぬまま年老いる女を、同情すべき存在と考えていた。また、巫女が未婚でいるのを「もったいない」とする視線があった。そんなことが分かるのです。

第三章

結婚を制限されていた内親王と、僧尼

平安時代の内親王はひとりみがデフォルト

「ひとりみ」ということでいえば、まず思い浮かぶのが、平安時代の内親王です。

平安中期に成立した『源氏物語』には、

〝皇女(みこ)たちは、独りおはしますこそは例のことなれど〟(「若菜上」巻)

とあります。

なぜ、当時の内親王は、ひとりみでいることが良しとされたのか。

それは、高貴な血を保つため、尊貴性を保つためということが大きかったのです。

そもそも天皇とか皇后、親王、内親王というのは太古の昔にはなかった呼び名で、かつては大王(おおきみ)、大后(おおきさき)、彼らの子は男女を問わず王(みこ)と呼ばれていました。それが飛鳥時代の天武天皇のころに天皇という呼び名が定着し、やがて大后は皇后、男の王は皇子、女の王は皇女と呼ばれ、律令制導入以後、親王宣下（せんげ）という制度ができて、皇子皇女でも、親王・内親王の宣下を受けると、より皇位継承者に近くなるということになったのです。

しかも奈良時代くらいまでの内親王は、結婚することも多かったのです。

ただし、条件があって「継嗣令（けいしりょう）」には、諸王は親王（内親王）と結婚でき、臣下は五世の王（女王）と結婚できる。ただし五世の王は親王（内親王）と結婚できない、とあります（ちなみに「継嗣令」では内親王も含めて〝親王〟、女王も含めて〝王〟と記されています）。

つまり内親王が結婚できると定められていたのは四世の諸王までの皇族であって、天皇から数えて五代目の王や臣下とは結婚できなかったのです。

理由は、高貴な血筋や地位を保つためです。

こうなると、相手は本当に限られてくる。

それでも平安時代より前は、彼女たちは天皇（大王）や、四世までの諸王と結婚していました。

初期天皇家では異母きょうだい同士の結婚もあり、仁徳天皇の二番目の皇后であるヤタノワカイラツメ（八田皇女）も、敏達天皇の皇后カシキヤヒメノ命（のちの推古天皇）も、用明天皇の皇后アナホベノハシヒトノ皇女も、天皇の異母妹です。

かつての天皇家では、仁徳天皇の最初の皇后イハノヒメノ命を除いては、皇后となるのは皇女と決まっていました。

藤原光明子がこのイハノヒメの先例を持ち出して、聖武天皇の皇后となるまでそれは続いていました。

太古、皇后には即位の資格があったからで、臣下出身者がもしも皇后になって、天皇死後、即位するようなことにでもなれば、皇統を乱すことになるからです。

つまり、平安時代より前の天皇家は、近親で結婚することで尊貴な血を保ち、地位や財産を分散させないようにしていた。

それと並行して、蘇我氏や藤原氏が娘を入内(じゅだい)させるようになり、やがて皇后にも彼女ら臣下が立つようになって、権力を持つという構造が確立すると、皇女や女王が入内することが少なくなっていきます。

かといって、皇女が結婚できると定められた相手は、限られています。

こうなると、皇女は結婚できない、結婚しないことがデフォルトとなっていくのです。

母の身分が高貴であるほど、ひとりみを強いられた内親王

こうして内親王はひとりみでいるものという観念が確立したわけですが、一方で、そのような観念のあった平安中期、実は藤原氏に降嫁(こうか)する内親王が増加してもいました。先にも引用した『源氏物語』には、

〝皇女たちは、独りおはしますこそは例のことなれど〟

という文章のあとに、

〝さまざまにつけて心寄せたてまつり、何ごとにつけても御後見したまふ人あるは頼もしげなり〟

ともあって、内親王が結婚によって、その暮らしの安定をはかることは許容されていたことが分かります。

具体的には、『源氏物語』の女三の宮のように、母を亡くし、父・朱雀院も出家してしまったような、後見役のいない皇女にとって、結婚は生活の安定をはかるためにも有効な手段と考えられていたわけです。まぁ彼女の夫の源氏は、臣下に降ったとはいえ、天皇の愛息子であったわけですが……。

実際に、平安中期の貴族社会を見ると、藤原師輔が醍醐天皇の皇女を三人（勤子内親王、雅子内親王、康子内親王）も妻にしています。

三人は同時に妻になったわけではないものの、更衣腹の勤子や雅子と異なり、康子内親王は朱雀天皇や村上天皇と同じ中宮（皇后）腹で、父の醍醐天皇にも可愛がられていたために、その結婚は、当時の人にも衝撃を与えたようです。

『大鏡』によれば、師輔は康子内親王に仕える女房を手なずけて、内親王のもとにひそかに通っていた。

このことが時のミカドである村上天皇の耳に届く前のこと、豪雨と雷鳴の激しい日があって、康子内親王が内裏にいたので、

「殿上の人々よ、四宮（康子内親王）の御方へ参れ。さぞ恐ろしく思われているだろうから」

と天皇が仰せになると、師輔の兄の実頼が、

「私は行かない。御前が汚いので」（〝まゐらじ。御前のきたなきに〟）

とつぶやいたのを、天皇はあとから、康子内親王と師輔とのことであると思い合わされたはずだ、といいます（「公季」）。

臣下の男を通わせているからといって、「汚い」と言われてしまうんです。

しかも『大鏡』の編者も、師輔や康子が悪いというような筆致で、二人の関係を世間の人は〝便なきこと〟（不都合なこと）と噂し、同母弟の村上天皇も〝やすからぬこと〟（心外なこと）に思っていたけれど、師輔に対する寵遇の深さゆえ、表立ってお咎めにならないでいたと記しています。

当時はすでに、皇女の結婚相手に関する律令の規定は有名無実のものとなっていたとはいえ、同じ内親王でも、母親が皇后とか皇太后といった高貴な身分である場合ほど、結婚はすべきではないという考えがあったのです。

更衣腹の内親王は、ほかにも村上天皇の皇女の保子内親王が藤原兼家の妻に、盛子内親王が藤原顕光の妻になっており、高貴な中宮腹や女御腹の皇女よりはその結婚に対して世間

の目は寛容でした。

同じ皇女といっても、母方の血筋が劣る者の結婚は大目に見られていたわけで、ここからしても、皇女の結婚が制限されるのは、尊貴性を保つためであったことが分かります。

その意味で、尊貴性や地位を保つため、近親婚を繰り返していた奈良時代までの皇女と、ひとりみを保つように求められていた平安時代の皇女の立ち位置は紙一重なのです。

ちなみに天皇の妻は上から皇后（中宮）→妃→女御→更衣という序列があって、出身階級も違っています。妃は嵯峨天皇時代を最後に絶えた制度で（後藤祥子「宮廷と後宮」……山中裕編『源氏物語を読む』）、更衣は冷泉天皇のころになると見られなくなっています。

とくに「ひとりみ」が求められる皇族女性とは

皇族女性の中には、「ひとりみ」であることが絶対条件の職種もあります。

下鴨・上賀茂両社の祭祀に奉仕する賀茂の斎院や、伊勢神宮の天照大神に奉仕する伊勢の斎王です。

これらの役目は皇女や女王といった皇族女性が果たします。彼女たちは巫女的存在なので、在任中は潔斎を守り、男との結婚は禁じられています。

それだけにその密通は世間を騒がせるスキャンダルとなりました。

有名なのが、『伊勢物語』のタイトルのもとにもなった、在原業平と恬子内親王の密通です。

伊勢の国に〝狩の使〟として赴いた業平が、斎宮の恬子と関係したというのです。狩の使とは、天皇の命によって諸国で鷹狩をすべく使わされる勅使のことですが、業平の時代、すでに行われていなかったともいい、「この段が事実譚でないことをまず示して」いるといいます(片桐洋一「『伊勢物語』鑑賞」……新潮古典文学アルバム『伊勢物語・土佐日記』所収)。

しかし平安中期には、二人の関係は事実と見なされていたのか、定子皇后腹の敦康親王の立太子がはかられた時、藤原行成は「亡き定子皇后の母方の高階氏の先祖は斎宮の事件があるから、その末裔は皆、伊勢大神宮と折り合いが悪い」(『権記』寛弘八年五月二十七日条)と進言しています。当時、恬子内親王と業平には子ができたと信じられていて、鎌倉時代の説話集『古事談』には、二人の子は高階氏の子となって高階師尚と称したと記されています(巻二の二十六)。

まぁ敦康親王の件は、権力者である藤原道長の外孫を立太子させるため、伊勢斎宮と業平の密通の説話が政治利用されたと言えなくもないのですが、いずれにしても神に仕える斎宮や斎院との結婚がタブーとされていたわけです。

必ずしも「ひとりみ」ではなかった日本の僧尼

神に仕える斎宮や斎院は、職を降りると結婚することもあります。つまり、斎宮や斎院という職種が、ひとりみでいることを求めているのです。

このように世の中には職業的に「ひとりみ」の人たちがいます。

その代表格としてまず頭に浮かぶのが、お坊さんと尼さんではないでしょうか。

実際、僧籍に入るということは基本的に「ひとりみ」でいることを意味しました。

久保貴子によると、江戸時代の皇女の七割が未婚で、そのうち八割近くが尼寺へ入寺したといいます（「江戸時代――武家社会のはざまに生きた皇女」……服藤早苗等著『歴史のなかの皇女たち』）。

もっとも日本の場合、とくに古代から平安・鎌倉時代にかけての出家や尼僧の実態は、現代人のイメージするそれとは、かなり異なる部分もあります。

出家というと、世を捨て、家を捨て……というイメージがあろうかと思うのですが、親鸞のひらいた浄土真宗では妻帯がゆるされているのは周知のことですし、平安貴族は、延命などの功徳があるといった理由で出家していました。

〝此世乎(を)は我世とそ思望月乃欠たる事も無と思へハ〟（『小右記』寛仁二年十月十六日条）

と詠んだ藤原道長も、その翌年には、病気がちになったため、出家しています。その際、戒師(かいし)となった院源僧都は、

「限りない位を去って、素晴らしい御家を捨てて、出家入道なさることを、前世・現世・来世にわたる三世の諸仏たちは喜び、現世ではご寿命が延び、後生は極楽の最高位である上(じょう)品上生(ぼんじょうしょう)に上られるはずです」（〝かぎりなき位を去り、めでたき御家を捨てて、出家入道せ

させたまふを、三世諸仏たち喜び、現世は御寿命延び、後生は極楽の上品上生に上らせたまふべきなり〟）（『栄花物語』巻第十五）。

と讃えています。

出家することは、必ずしもひとりみになって修行するというような意味だけではなかったわけです。

また、「尼」というと、頭も坊主にして、俗世や男性との交わりを絶つというイメージを、現代人は抱きがちであると思うのですが、これも平安時代には違っていました。

当時の尼は丸坊主にせず、「尼削ぎ」といって、髪は肩のあたりまでしか切りません。『源氏物語』では、出家して尼削ぎにした女三の宮が、

「こうなるとかえって可愛い子どものような感じで、みずみずしく魅力的である」（〝かくてしもうつくしき子どもの心地して、なまめかしうをかしげなり〟）（「柏木」巻）。

と描かれていますし、宇治十帖の浮舟も、その尼姿が、

「髪は五重の扇を広げたようにたっぷりとした裾である」（〝髪は五重の扇を広げたるやうにこちたき末つきなり〟）（「手習」巻）

と描かれ、その姿を覗き見た男は、

「かえって見映えがして胸が締めつけられるので、人目に立たないようにしてやはり我がも

のにしてしまおう」（〝なかなか見どころまさりて心苦しかるべきを、忍びたるさまに、なほ語らひとりてん〟）（同）

と、思っているという設定です。

要するに平安中期の尼の姿は、出家前のそれと極端に変わるわけではなく、性的対象としても見られる存在だったのです。

現実に、中宮藤原定子は、出家後も、夫の一条天皇に愛され、脩子内親王以下の子を生んでいます。男側にとっても「尼であること」と性的行為が矛盾するものではなかったからこそ、こんなことが起きるのでしょう。

そこには、日本の仏教界の特殊な事情も関わっています。

「出家後は自由になれる」という観念

ベトナムやタイの人は、日本のお坊さんに妻子がいることに驚くそうですが、鎌倉時代に二条という女房の書いた『とはずがたり』という日記は、日本の仏教界の特殊な事情、昔の貴族の考える「出家」の観念が分かる好例です。

というのも彼女の父は、彼女にこんな遺言をのこしているのです。

「男女のことについては前世からの宿縁があるので人の力でどうこうなるものではない。しかし髪をつけたまま、色好みの評判を我が家に残すようなことは、返す返すも情けなかろう。

ただし出家後はどんなことをしても差し支えない」（〃夫妻のことにおきては、この世のみならぬことなれば、力なし。それも、髪をつけて好色の家に名を残しなどせむことは、かへすがへす憂かるべし。ただ世を捨てて後は、いかなるわざも苦しからぬことなり〃）（巻一）

髪をつけたままで家名を汚すような色恋のスキャンダルを残すのはまずいが、出家後ならどんな好色的行為をしても構わない、というのです。

日本では、出家後はさまざまなことが自由になると考えられていたふしがあります。

たとえば白河院は、出家後も以前と変わらず、女に子を生ませているだけでなく、出家前にも劣らぬ権勢を振るっています。

もっとも出家後は自由にしてもよい、しかし出家前はダメだと父に戒められた二条はどうだったかというと、父の遺言には従わず、愛人の後深草院や、もともとつき合っていた恋人のほか、院の弟の亀山院、院公認でその異母弟の法親王とも関係し、院や恋人との子だけでなく、この法親王の子を二人も生んで、しかもそれを自ら手記に書いて、結果的には好色の名を家に残すことになっています（ただ『とはずがたり』を読む限り、出家後はそうしたことはなかったようです。まぁそれが、本来の出家者の姿勢だとは思うのですが）。

しかも法親王は、出家した親王の意ですから、もとより「ひとりみ」のはずなのですが、このように女と関係し、二度までも妊娠させるような行為に及んでいたわけです。

僧侶が女性を妊娠出産させた例としては、鎌倉時代の説話集『古事談』に、平安中期の成尊僧都の父仁海僧正のことが語られています。成尊は、仁海の弟子でもあり、実の子であった。それは成尊が、仁海と密通した女房の子であったからで、女房は密通の発覚を恐れ、生まれた成尊に水銀をのませた。水銀をのんだ者はもし命が助かっても性器が未発達となる。そのため成長した成尊は、〝男女において一生不犯の人〟となったといいます（巻第三）。

〝男女において〟と断っているのは、当時、日本の仏教界では、罪とされていた女犯の代わりに寺に仕える童子と男色関係を結ぶことが行われていたためです。しかし、成尊は女とも男とも一生、性関係を結ばなかった、と。

それが声高らかに描かれているのは、それだけそのような僧侶が少なかったからに違いありません。

はなから性に肯定的だった日本仏教

日本の仏教界がいかに性に寛容であったかは、拙著『本当はエロかった昔の日本』や『ジェンダーレスの日本史――古典で知る驚きの性』で紹介したので、ここでは繰り返しません。

日本最古の仏教説話集『日本霊異記』では、熱心な観音の信者が、

〝南无、銅銭万貫と白米万石と好しき女とを多に徳施したまへ〟

と祈って、それが実現したとされるほどです（上巻第三十一）。日本の仏教は早い時期から、

大金と食べものと美女たくさんを祈っていい教え、そうした世俗的欲望が叶えられる教えとされていたわけです。

問題はなぜそんなにも日本仏教は、性をはじめとする欲望に寛容であったかですが……。

一つには、国や神々が夫婦神のセックスによって生まれたと、お上の作製した歴史書(『古事記』『日本書紀』)に堂々と記されるような、性を大切なものとして重要視する国柄というものがあるでしょう。

これを以てして、昔の日本人の性は「おおらかだった」と言う人がいますが、私はそれは違うと考えており、色んなところで指摘してきました。

神々のセックスで国土や神が生まれたというのは、日本以外でも太古の神話にはありがちですが、日本の場合、それが国を挙げて作成された「正史」である『日本書紀』などにも記されているところがミソです。子作り以外の性を否定した昔のキリスト教と違って、日本では、何かと何かをつなげ、時に増殖させる「性」的な行為を重要視している、そうした原始的とも言える考え方が脈々と続いているからであろうと思うのです。

このように、性を大切なものとしてとらえていた日本人は、仏教の「宿世(すくせ)」の思想……現世の事柄はすべて前世の善悪業の報いとされる考え方を、「だから夫婦のこと、性愛のことも、自分の力ではどうしようもない」と解釈していました。

『とはずがたり』の作者の父親の遺言がその例で、平安中期の『源氏物語』にも、源氏と継母・藤壺の密通を「宿世」ゆえ仕方ないと容認する思想が見られます。性愛の欲望に突き動かされたとしても、それは前世からの宿縁で、自分の力ではどうにもならないと、その欲望を容認してしまうわけです。

こうした態度は、女性の地位が低い近世・近代では、「男の欲望は止まらないのだから」という歪んだ理屈となって、だから、女の側が、男を挑発しないよう防衛しないとならない、女が意志に反して男に襲われたとしても、女にも非があったかのように責任を求める、理不尽な姿勢とつながりもしたのですが……。

古代から中世にかけての社会では、女の地位が高かったため、性のゆるさは、女にばかり負担を強いるものとはならず、婚外セックスに関しても、互いの意志を尊重して良しとする傾向が見られます。

性の締めつけが厳しいのは、決まって父権の強い社会です。

父権の強い父系社会では、父から息子へ財産や地位が継承されます。この時、確実に我が子に財産を伝えるには、妻が自分以外の男とセックスしていたら困るわけです。一方、古代の日本は、母系と父系の両方の特徴をあわせもつ双系社会であったといわれていますが、平安文学や日記を見ても、男が女の実家に通い、新婚家庭の経済は妻方で担っていた「婿取り婚」が基本で、財産相続は男女を問わぬ諸子平等であり、とくに家土地は女子が相続する例が多数見られます。

さらに時代を遡ると、生まれた子の父が誰だか分からず、神たちを集めて、子どもに酒を捧げさせて父を決める神話もあります（『播磨国風土記』託賀の郡）（↓第一章）。

母権の強い社会では、「どの母の子か」がポイントですから、父が誰であるかはそこまで重要ではなかったりします。結果、性の締めつけがゆるくなるという仕組みです。

日本の仏教が、一貫して、性に対してある種の「ゆるさ」を持っていることの背景には、性を重要視し、良きものとする日本人の土壌があったのではないでしょうか。

「ひとりみ」リスクに警鐘を鳴らした僧

このようにゆるい日本の仏教界ですが、病気などで出家した人を除いても、出家後、ひとりみを貫いた人はもちろんたくさんいます。

先に挙げた二条にしても、さまざまな男と性体験を重ね、妊娠出産を繰り返しながら、特定の人との結婚はせず、三十二歳になるころにはすでに出家していて、「ひとりみ」でした。

ひとりみ僧の凄い人たちとなると、弘法大師空海に伝教大師最澄、日蓮、道元、栄西……たくさんいすぎて、とても紹介しきれません。

冒頭でも紹介した兼好法師もまた、ひとりみを貫いた僧侶であり、また、ひとりみであることを人に勧めてもいます。

彼は著書の『徒然草』で、

〝妻といふものこそ、男の持つまじきものなれ〟(第一九〇段)

と書いており、「ひとりみ」主義者です。が、同じ段では、

〝よそながら、ときどき通ひ住まんこそ、年月へても絶えぬなからひともならめ〟

とあって、お互い自立した通い婚なら、男女の仲が長続きするとして、推奨してもいます。

これは兼好法師の生きた南北朝時代、だんだんと同居婚が増加していたからかもしれません。

〝なに事も、古き世のみぞしたはしき〟(第二二段)

と、昔を慕った彼のことですから、結婚も、男が女の家に通う、通い婚が基本だった平安時代(主要な妻に子が生まれると同居するケースも多いのですが)を理想とし、なつかしんでいた可能性もあります。

いずれにしても全体的には、女とつき合うことがデフォルトであるかのような口ぶりです。

一方、同じ僧侶でも、妻帯を勧めた人もいます。

『沙石集』の著者の無住も出家者ですが、ある僧が、道行く人に「結婚」を勧めていたとして、こんなエピソードを紹介しています。

大和の松尾という山寺に住んでいた中蓮房という僧が、〝中風〟(脳出血・脳梗塞のあとで現れる半身不随の症状)になって、竜田の大路のほとりに小さな庵を結んでいた。彼は、この大路を、山寺の僧たちが登るたびに、

「御房は聖(ひじり)でおられるか」と尋ね、「聖」と答えると、

「一刻も早く妻を持ちなさい。私は若い時から聖でしたが、弟子や門徒は数多いけれど、このような中風となって不自由な身になってからは、『そういう者がいる』とも、彼らは思い出しもしません。そのまま生活できなくなって、ひたすら〝乞匃非人(こつがいひにん)〟（乞食の遁世者）となり果てて、さすがに命も捨てられず、道ばたで命をつないでいるのです。妻子があれば、これほど情けないことにはならなかったと思います。少しでも若い時に妻を持ちなさい。長年連れ添えば、夫婦の情けも深まるでしょう。こんな病に、自分は絶対かからないとは思うべきではありません」

そんなふうに勧めたといいます（巻第四ノ九。本によっては巻第四ノ四）。

この僧は、ひとりみでいることのリスクに警鐘を鳴らしているわけです。

もっともこの話を紹介した無住は、その直後の話で、四十歳の尼（本によっては三十歳）と同棲して殺されかけた七十の老僧の実話を紹介し、

「こうしたことを考えると、さっきの〝中風者〟の勧めにもむやみに従うべきではない。どんな悪縁や思いがけない災難にも、あわないという保障はない。よくよく物事を汲み取って考えるべきだ」

と、結婚のリスクをも説いています（巻第四ノ十。本によっては巻第四ノ六）。

確かに、結婚には配偶者や子、さらには姻戚による「DV」や「モラハラ」等々、さまざまなリスクがつきものです。

むしろ「ひとりみ」のほうが、リスクは少ないとすら言えます。

ただ、とくに男性の場合、ひとりみでいると、寿命が短くなるというデータもあり、無住の生きていた鎌倉時代、「ひとりみ」でいることのいわば「リスク」に注目した僧がいたことは、興味深いものがあります。


ちなみに現代日本の女性の場合、「単身の高齢女性　4割貧困」（二〇二四年三月八日付「朝日新聞」朝刊）というデータがあります。

貧困問題を研究する阿部彩・東京都立大学教授が、厚生労働省の国民生活基礎調査（二〇二二年分）の個票をもとに独自に集計したところによると、65歳以上の一人暮らしの女性の相対的貧困率が44・1％にのぼることが分かったのです。

高齢期は働いて得る収入が減るかなくなることが多く、単身世帯は他に稼ぎ手や年金の受け手がいなくなることから、貧困に陥りやすいとはいえ、同じ「高齢」「単身」でも男性の貧困率は30・0％で、女性とは14・1％もの開きがある。

これは、男女の賃金格差に由来するもので、とくに年代が進むと拡大するという事情が背景にあります。こうした高齢層の男女格差について、岸田文雄首相は、「70歳以上になると女性の方が単身になる可能性が高い」ことに加え、「女性の賃金は男性より低い傾向にあり、低年金になりやすい」と述べたといいます。

実際、厚生労働省の二〇二二年の老齢年金受給者実態調査では、「男性は62％が月15万円以上なのに対し、女性は61％が月10万円未満にとどまる」。阿部氏は、「高齢期を支えるべき年金が家族モデル、もっと言えば男性中心モデルになっている」と言い、モデルは「夫が男性の平均賃金で40年働き、妻はずっと専業主婦」という世帯で、夫婦2人の国民年金と夫の厚生年金を合算している。

賃金のジェンダー格差と、旧態依然とした家族観に基づく年金の仕組みが、高齢単身女性の貧困を招いているようなのです。

こうした現状の打開策として、生活保護行政に有識者として関わってきた岩田正美・日本女子大名誉教授は、男女の賃金格差の是正と共に、「年金の『個人モデル』を徹底すべきだ」と指摘しています。

要は、「ひとりみ」が「ひとりみ」のまま、安心して暮らせる体制作りが必要であるということで、そのためにはジェンダー格差の解消に向けた動きと共に、「夫婦」を中心とした家族観の転換が必要であることが分かるのです。

第四章

財産が少なすぎても多すぎてもひとりみ——「わらしべ長者」と院政期の八条院

男は低収入、女は高収入だと、ひとりみの現代

ひとりみでいる一因として、「貧乏」というものがあります。

内閣府男女共同参画局「結婚と家族をめぐる基礎データ」（二〇二一年九月三〇日）でも、「男性の年齢と所得の関係（配偶関係別）」は、「全年齢区分において、既婚男性の方が所得が高い傾向」があり、やはり貧乏がネックになっていることが分かります。

ところがこれが「女性の年齢と所得の関係（配偶関係別）」になると、「全年齢区分において、未婚女性の方が所得が高い傾向」であるというのです（https://www.gender.go.jp/kaigi/kento/Marriage-Family/4th/pdf/1.pdf 17・18ページ）。

さらに武蔵野大学講師の舞田敏彦による「日経 xwoman」の記事を見て驚きました（https://woman.nikkei.com/atcl/dual/pwr/029/45/）。

舞田氏は、総務省の「就業構造基本調査」（二〇一二年度）から、男女有業者の年収別の未婚率を計算し、三十五歳から三十九歳の「就業者の年収別の未婚率」を計算し、折れ線グラフを作成しています。それによると、男性は収入と婚姻率が見事に比例して、高収入になればなるほど未婚率が低くなり、ひとりみの要因が明らかに「貧乏」であることが分かります。

ところが女性の場合、年収が上がるほど未婚率は高まり、六百万円でいったん未婚率は低くなるものの、一千万円を超えると、一気に未婚率が高くなってしまうのです。つまり高収入になるほどひとりみが増えるわけで、女性の場合、ひとりみの要因はむしろ高収入であるとすら言えるのです。

第三章で、ひとりみの高齢女性の貧困問題について触れましたが、一方では、高収入の女性はひとりみになる率が高くなるというのです。

同じようなデータは、独身研究家の荒川和久による「東洋経済ONLINE」の「正規で働く女性の『生涯未婚率』男女逆転の衝撃　女性は年収が上がるほど未婚率が高まる」（https://toyokeizai.net/articles/-/685895）にもあって、「男性の正規雇用の場合、生涯未婚率は19・6％と全体よりも約9ポイントも下が」るのに対し、「女性の正規雇用の場合、同未婚率は、24・8％にも跳ね上が」るという結果です。「男性の場合は正規雇用のほうが結婚しやすいが、女性の場合は正規雇用であるほうが未婚は多い」というのです。「キャリアを優先しようとする場合、結婚や出産を後回しにしたり、仕事にやりがいを見いだして結果的に結婚時期を過ぎてしまったという女性もいることでしょう」と荒川氏は分析しています。

逆に言うと、妊娠・出産してもキャリアが中断されなければいいわけで、そうした環境が整えば、また、自分に見合う年収・経歴の男性が見つかれば、高収入女性の未婚率も下がるのかもしれません。

貧乏でも結婚できない、高収入でも結婚できない。

皮肉な話ではありますが、実は昔もそういうことはありました。

貧乏ゆえに結婚できない男たち

財産がないから長年結婚できなかった男として真っ先に頭に浮かぶのは、江戸時代の小林一茶です。

〝我と来て遊べや親のない雀〟(『おらが春』)

で名高い一茶が結婚できたのは、なんと五十二歳の時です。

長男である一茶がここまで晩婚だったのは、弟や継母との相続争いが長引いたから。五十二歳の二月二十一日に財産の決着がつき、四月十一日、やっと初めての結婚ができたのです(矢羽勝幸校注『一茶　父の終焉日記・おらが春　他一篇』一茶年譜)。

当時、一茶はすでに俳句の世界では名を上げていたにもかかわらず、相続争いで財産が不安定であったために、結婚はできなかったわけです。

貧乏だと結婚できないのは皇族も同じです。

室町初期の後崇光院（貞成王、五十四歳で親王）が元服したのはなんと四十歳。

当時の元服は、結婚と同時に行われることがしばしばです。元服は、大人になったしるし、すなわち結婚できるしるしと考えられていたからです。

時代は遡りますが、平安中期の『源氏物語』の源氏も、元服と共に、〝添臥にも〟ということで、左大臣の娘である葵の上と結婚しています。

日本古典文学全集の注によると、

「東宮や皇子の元服の夜、公卿の娘を添臥させる例があった」

と、とくに皇族は、元服が結婚前提のものであったことが分かります。

貞成が生まれたのは、『源氏物語』が成立した平安中期よりは三百年以上のちのこと。王朝が南朝・北朝と並立していた時代で、北朝の崇光天皇の孫という高貴な生まれながら、父の栄仁親王ともども、不遇な境遇に置かれていました。それが、周囲の皇位継承者がばたばたと早死にしたおかげで、貞成の子が天皇となり、結果的に貞成の晩年は恵まれたものにはなるものの、それは貞成が八十五歳の長寿者であったからです。

四十歳でようやく元服した貞成が、第一子を持ったのは、記録を見る限り、四十五歳の時です。のちに即位する息子が生まれたのは四十八歳の時。三十代で死んでいたら、貧乏皇族のまま、元服も結婚もできずに死んでいたわけです。

ちなみに江戸時代の一茶が、第一子を持ったのは五十四歳の時です。

貧乏だと晩婚になるのです。

平安時代、貧乏な女は結婚できない

以上は、江戸時代と室町時代の、貧乏ゆえに結婚が遅れた男たちの話ですが、平安時代の文学には、貧乏ゆえになかなか結婚できない女たちが数多く描かれています。

『源氏物語』より少し前に書かれた『うつほ物語』には、

「今の世の男は、まず女と結婚しようとする際、とにもかくにも両親は揃っているか、家土地はあるか、洗濯や繕いをしてくれるか、供の者に物をくれ、馬や牛は揃っているかと尋ねる」(〝今の世の男は、まづ人を得むとては、ともかくも、『父母はありや、家所(いへどころ)はありや、洗(あら)はひ、綻(ほころ)びはしつべしや、供の人にものはくれ、馬、牛は飼ひてむや』と問ひ聞く〟)(「嵯峨の院」巻)

という一節があり、どんなに美人でも財産がなければ、男は、

〝あたりの土をだに踏まず〟

という有様だったといいます。

逆に言うと、金持ちなら結婚できるわけで、同じ『うつほ物語』には、故左大臣の北の方で、〝並びなき世の財(たから)の王〟という五十過ぎの富豪が、三十過ぎの貴公子と結婚するくだりもあります。この北の方は〝年老い、かたち醜き〟人で、北の方が貴公子に財を尽くして熱中するのに対し、貴公子は〝紙一枚(ひら)〟すら贈りません。結局、北の方が田畑も売り尽くして財産が尽きると、北の方が貴公子の継子を陥れようと画策したこともあって、捨てられてしまいます（「忠こそ」巻)。まさに金の切れ目が縁の切れ目だったのです。

こんなふうに平安時代に、貧しい女が結婚しにくかった背景には、実は当時の女性の高い地位と経済力というのがあります。

平安時代、財産相続は諸子平等で、男女の別なく権利があり、妻は私有財産が持てました。結婚も、男が女方に通い、子が生まれなどすると独立するのが貴族社会の常でしたから、新婚家庭の経済は妻方が担い、家土地は息子ではなく娘が相続することも多かったのです。貧乏な家の女は結婚できない、たとえ結婚できても長続きしないというのは、こんな背景があったのです。

この傾向は平安の末まで続いたと見え、そのころ成立した『今昔物語集』巻第十六には、貧乏で結婚できない女が、神仏の助けで結婚したという話が複数載っています。こうした話については、拙著『ジェンダーレスの日本史』でも紹介したので、ここでは繰り返しません。

確かなのは、平安時代は、女の地位が高く、財産権も強かったため、貧乏だと結婚できず、金持ちであれば結婚できたということです。

現代社会で、男が貧乏だと結婚できないのは男のステータスや経済力が重視されることの表れである一方、稼ぐ女の未婚率が高いのは、女の地位がまだまだ低く、結婚や出産を取り巻く環境や、産休・育休後の復帰の困難さなど、権利や生活が保証されていないからではないでしょうか。

貧乏ひとりみ男の出世物語「わらしべ長者」

現代社会では、男は低収入であればあるほどひとりみ、女は高収入になればなるほどひとりみであり、平安時代では、女は貧乏であれば結婚できず、財産家であれば婿のなり手に事欠かないということがありました。

では、平安時代の男はどうだったのでしょう。

平安貴族を見る限り、大貴族の家に生まれれば、将来性を買われて結婚には事欠かぬどころか、庶民はともかく、貴族は一夫多妻が多かったので、何人もの通い所を持つ男も少なくありませんでした。すでにれっきとした妻のいる藤原頼通（よりみち）に、三条天皇の皇女との縁談が持ち上がった時、妻を思って躊躇する頼通を、父の道長はこう叱咤しています。

「男が妻は一人だけというようなことがあっていいものか。愚かしいぞ。今までも子に恵まれぬようだから、何はともあれ、ただ子をもうけることを第一に考えろ」（〝男は妻は一人のみやは持たる、痴のさまや。いままで子もなかめれば、とてもかうてもただ子をまうけんとこそ思はめ〟）（『栄花物語』巻第十二）と。

その後、頼通が発病、頼通の妻の亡き父・具平親王の死霊が現れるなどして、この縁談は沙汰止みにはなるのですが……頼通の妻はその後も子を生まず、頼通は他の女性とのあいだに子をもうけ、子らは妻の嫉妬を避けるため、それぞれ養子に出されるなどしたのでした（『愚管抄』巻第四）。

こんなふうに、女の地位が高く、財産権が強い平安時代でも、大貴族の息子は結婚に不自由することはありませんでした。むしろ、家の繁栄のためには、結婚して子をもうけることを、男も強いられたのです。そこから逃れるためには、出家くらいしかありませんでした。

では、身分も低く、将来性も乏しい男はどうであったか。

貧乏な女と同様、結婚などは遠い夢物語でした。

「はじめに」でも紹介したように、鎌倉中期のある家の下人は、四割以上が単身家庭であり、たとえ子がいてもシングルマザーやシングルファザーが三割近くいて、夫婦揃って子もいる者は全体の二割強に過ぎなかったのです。

ごく一部の下人以外の統計などはないものの、誰もが生涯で一度は結婚するということが一般的になったのが、十六・十七世紀ころといいますから（鬼頭宏『人口から読む日本の歴史』）、平安時代などは、貧しい者は結婚できなくて当たり前だったでしょう。

そんなしがない当時の男の成功譚が、平安末期の『今昔物語集』巻十六第二十八の説話、いわゆる「わらしべ長者」ではないか。

この話の主人公は京の人で、父母も妻子もなく、知人もいない〝青侍（あをさぶらひ）〟（年少の身分の低い侍）です。

彼は長谷寺に参り、観音の前で言います。

「私は貧しくて、塵一つの貯えもありません。もしこのまま終わる運命なら、観音様の御前で餓死しようと思います。もし少しでもお恵みを頂けるなら、そのことを夢で示して下さい。さもなければ決して出て行きません」

そう言って、観音様の前で寝転がってしまいました。

これを見た寺の僧どもは、

「これはどういう者がこんな格好でいるのだ。見れば、食事をとる場所もないようだ。もしも息絶えたら、寺に穢れが生じてしまう。お前の師は誰なのだ」

と男に聞きました。

寺に参籠する者は、宿坊に泊まり、食事もそこでとるのが普通なのに、男にはそうした様子もない。しかも当時、死にまつわる穢れはとても忌まれており、寺としても、死人を出して寺が穢れると大変なことになります。コロナ禍で感染者が出ると、そこを消毒するなど大騒ぎになったものですが、当時の死の穢れはそうした伝染病に似たものがあり、多くの参詣者を見込む寺にとっては大迷惑だったのです。

困惑する僧どもに対し、男は答えました。

「私は貧乏人です。師なんていない。ただ観音様を頼みにしているだけです。食べる所もまるでありません」

まずい……と思った僧どもは集まり、

「この人は観音様に〝恐喝(かこち)〟(言いがかり)を申し上げているだけで、まるで寄る辺もない。寺にとって大ごとになる。皆でこの人を養うしかあるまい」

となって、交替で食事をさせたので、男は観音様の御前を去らぬまま、いつしか三週間が経っていました。

金持ちになってもひとりみ……「独身貴族」の元祖?

「わらしべ長者」は「ここで死ぬぞ」と寺を恐喝していたんです。

かくて三週間が過ぎる明け方、男の夢に、御帳の中から僧が出てきて告げました。

「お前は前世で犯した罪の報いも知らず、一途に仏をお責めするのは不当なことだ。しかし可哀想だから、いささか物を授けよう。寺を出た時、何でもいい、はじめに手に触れた物を捨てずに、観音から頂いた物と思うがよい」

文脈からすると、男に出て行ってもらいたい寺の僧が、適当な作り話をした、それを男が勝手に観音の夢のお告げと受けとめたとしか思えないのですが……男は寺で親切にしてくれた僧の坊に立ち寄り、食事を乞うて食ったあと、寺を出たところで、大門でけつまずいた。起き上がると、手には一筋の〝藁〟が！

ここから、皆さんご存知の、物々交換で金持ちになっていく「わらしべ長者」の物語が転がり出すわけです。

そして最終的にはこの貧乏男は、田一町（三千坪。約九九〇〇平方メートル）と米少々を得て、その田を近所の人に耕作させて、収穫の半分を自分の取り分として生活の糧にしているうちに資産が増え、家など建てて豊かになった。

以後は「長谷観音のお陰」とばかり、常に参詣したといいます。

ここで注目すべきは、貧乏でひとりみだった男は、金持ちになっても相変わらずひとりみのままであるということです。

考えてみれば、前近代にだって結婚したくない人もいるわけです。追々触れるように、『竹取物語』のかぐや姫や『源氏物語』の浮舟といった結婚を拒む女やその物語が、人々の心をつかみ、延々と語り継がれ、書き写されて、享受されてきたのも、そうした「結婚できる立場にありながらも、結婚しないこと」を選択した人に、共感を覚える人々が昔も多かったからにほかならないでしょう。もっとも彼女たちの場合、周囲から「結婚すること」を押しつけられ、それ以外の選択肢がゆるされない中で、自身の意志を貫いた。つまり「結婚しないこと」は「社会規範や強制からの自由」とほぼ同義です。これらの物語に共感した人々はこの自由さにこそ心惹かれたわけで、無一文から物々交換を経て金持ちになった「わらしべ長者」に見る「知恵の勝利」のもたらす痛快感に共感する層とは異なるかもしれません。

しかし通底するのは、当時の常識に逆らう、ある種の自由さであることには違いありません。

「金持ちになって結婚して子孫繁栄しました、めでたしめでたし」という、室町時代から江戸初期の御伽草子にありがちなオチと異なり、家族を持たない気ままさを選んだ平安末期の「わらしべ長者」。これは、結婚が庶民の憧れである反面、身分の高い者、豊かな者は結婚するのが当たり前という社会規範の強い中、独自の道を選んだ人間の物語という意味で、きわめて現代的な多様性を示す物語と言えます。

一九七〇年代ころから「独身貴族」ということばが生まれ、家庭を持つことが当たり前だった時代にあって、稼いだお金や時間を自由に使う人たちの存在が注目されましたが、この物語は、元祖「独身貴族」の物語として読むこともできるかもしれません。

大富豪過ぎてひとりみ？　八条院

現代の男性や、前近代社会においても、貧乏は「ひとりみ」の要因と言えますが、「わらしべ長者」のように金持ちになっても「ひとりみ」のままの人も物語には描かれています。

しかし、現代の女性のように、高収入になればなるほど「ひとりみ」というようなケースはないのかというと、これがそうでもないのです。

実在の人物には、金持ちだからこそ、「ひとりみ」でいたようにも見える女性がいます。

彼女は、八条院暲子内親王。

皇后腹の皇女ですから、まずその高貴さゆえに、「ひとりみ」であることが強いられる身の上です。

加えて彼女は天皇の候補となったこともあるほどの人です。歴史論書の『愚管抄』によると、近衛(このえ)院死後、鳥羽院の四宮（のちの後白河院）が天皇候補になったものの、

〃即位ノ御器量ニハアラズ〃（巻第四）

というので、八条院を〃女帝〃にするか、崇徳(すとく)院の第一皇子か、四宮のまだ幼い皇子（のちの二条院）かを即位させる案が持ち上がりました。結局、その時、すでに二十九歳になっていた四宮をまず即位させようということで、八条院の即位は立ち消えとなるのですが、そのくらい高貴で世間からの声望も高かったのです。

もしも即位すれば、元正天皇以後の女帝は全員、独身ですから、いずれにしてもひとりみ

の運命にあった皇女と言えるのですが……。

彼女が有名なのは、父鳥羽院と母美福門院藤原得子、そして自らも集積した「八条院領」と呼ばれる大量の荘園ゆえでもあります。なにしろ、

「ひとりで平家全部に匹敵する所領をもった」（脇田晴子『中世に生きる女たち』）

というほどの大々富豪だったのですから驚きます。

なぜそんなにもたくさんの所領が一人の女性のもとに集まったのか。

背景には、院政期という時代性があるようです。

そもそも八条院は女で院号を得た女院なわけですが、女院というのは院（太上天皇、上皇）に準じた待遇を受ける者で、平安中期の東三条院藤原詮子に始まります。最初は、八条院のような内親王ではなく、天皇の皇后だった藤原氏の女性に宣下されていたのです。それが藤原氏の母后を持つ内親王ながら天皇に入内して、後三条天皇らを生んだ陽明門院禎子内親王に至り、皇后で内親王の女性に宣下された。同様のケースとして後冷泉天皇の皇后となった二条院章子内親王、さらに郁芳門院媞子内親王が、同母弟の堀河天皇の「准母」という形で未婚ながら皇后になるという、異例の待遇を受けるに至り、未婚の内親王に宣下される前例ができます。

伴瀬明美のことばによれば「未婚の后という自己矛盾ともいうべき地位にはじめてつけられた」女性に院号が与えられたのです（「中世前期——天皇家の光と陰」……服藤早苗等著『歴

史のなかの皇女たち』所収）。

以後の女院はこうした前例を受け継ぎ、院政期の八条院も独身ながら、准三后（太皇太后・皇太后・皇后の三后に准じた待遇を受ける者）を受け、女院となったわけです。

院政の始まる平安末期は女院も増え、それにつれて女院領も親からの相続や寄進によってずんずん増えていきます。

この時代、女院領が増えた背景については諸説ありますが、男が女の実家に通い、新婚家庭の経済は妻方が負担していた平安時代、家土地は、家を離れることの少ない娘が伝領するということが、それ以前にも多かったというのが一つあるでしょう。つまり娘が親の家土地を相続することは普通に行われていて、女院にもそれが適用されたというわけです。

『源氏物語』の女三の宮も、父の朱雀院から莫大な資産を受け継いでいますし、継子いじめで名高い『落窪物語』のヒロインも亡き母から家を相続しています。現実にも、藤原道長の妻・源倫子は、土御門殿を相続し、そこが娘・彰子（上東門院）の生んだ後一条天皇たちの里内裏ともなっています。

こうした当時の相続事情に加え、台頭していた武士団との結びつきなどがあったのと（五味文彦『院政期社会の研究』）、また、独身の皇女ゆえに死後は猶子（相続を目的としない親子関係のことですが、養子と同意で使われることも多い）や養子となった皇族に伝領されるというので、天皇家の所領が集まったということもあったでしょう。

このあたりの理由については諸説ありますが、時代につれての女院や、ひとりみの皇女（不婚内親王）の地位の変遷については、野村育世の『家族史としての女院論』が参考になります。

文化サロンの主としての女院

様ざまな事情や時代背景によって、莫大な所領を有することになった八条院は、ひとりみながら多くの皇族の猶子や養子を抱えていました。武将で歌人としても名高い源三位入道頼政と共に、平家に反旗を翻した以仁王（もちひと）もその一人で、しかも王は、八条院に仕える女房三位局（さんみのつぼね）とのあいだに宮たちをもうけていて、彼らもまた八条院に養われていました。

ところが以仁王は平家に敗れて戦死してしまいます。そうなると平家は、王の遺児である若宮を捕らえようと、八条院邸に追手を伸ばしてきます。その折衝役には、平清盛の異母弟の頼盛が選ばれました。頼盛もまた八条院に仕える宰相殿（さいしょうどの）という女房を妻に持つ身だからです。

結局、若宮は捕らえられるものの、清盛の息子の宗盛が同情して、出家することで生き延びることができます。こうなると立場のないのは頼盛で、八条院は、家族同然にしてきた頼盛の冷たさを余計に感じたに違いありません。そのせいか、のちに平家が源氏に追いつめられた時、命乞いに来た頼盛を、八条院は、

「世が世ならともかく、今はとても」

と、つれない返事をしたといいます（『平家物語』巻第七「一門都落」）。

このように多くの人が八条院を頼みにしていたのです。

そんな八条院に仕えた女房の一人が、藤原定家の同母姉の健御前（たけるごぜん）です。

彼女は十二歳から二十歳までは、平清盛の妻平時子の異母妹で、後白河院の女御の建春門院平滋子に仕え、二十七歳以降は八条院に仕えていました。そして、二人の女院のエピソードを『たまきはる』と呼ばれる手記にまとめています。

それによると、建春門院がいかにもピリッとしたゴージャスな暮らしぶりであるのに対し、八条院は、「取り柄といえばただ居心地良くて気楽なだけ。女房の服装も何を着よという指示もないので」召使の格好もバラバラ。真面目に勤めたからといって女院の覚えがまさることもなければ、さぼったからといってお叱りを受けることもない。参上する人の足が耐えられないほど塵が積もっていても、「あれを掃け、これを拭け」と言う人もいない。

いかにも鷹揚なのです。

その莫大な所領の割に、台所事情もお粗末だったようで、名高い宝物などは、二条院や後白河院がほしがったため献上してしまい、御蔵には、

〝塵よりほかに残りたる物なし〟

という有様でしたが、そうと聞いても八条院は、

〝何ともおぼしめさず〟

何も気にしない。

女院のもとには、財産目当ての貴族・皇族から次々に子どもたちが送り込まれてきて、健御前が養育係に当たっていた後鳥羽天皇の皇女の昇子内親王（春華門院）もその一人でしたが、『たまきはる』によれば、女院とは〝障子一つが隔て〟ながら、女院は内親王の好きに任せていたのでした。

そんな女院でしたが、いざという時には養育する者たちを庇護すべく動いていることは、以仁王の遺児を引き渡す際、かなり抵抗したことからも分かります。彼女は、養女である以仁王の遺児の姫宮を跡継ぎと決め、〝親王〟（内親王）の宣命を下すべく、自筆の書で朝廷に願ってもいます（『玉葉』建久七年一月十二日条）。

権門・九条兼実（くじょうかねざね）の孫娘に当たる昇子内親王が猶子に加わったため、以仁王の姫宮の地位を確固たるものにしておきたいと考えたのです。

しかし朝廷は、兼実に遠慮して、

「父親が親王でない人を（内）親王にするのは前例がない」

と退けました。女院はそれに抵抗するように、

「私の亡き後はすべてこの姫宮の命令に従うように」

と、姫宮の地位を改めて確認し、孤立無援の姫宮をかばったのです。

いや〜〜八条院、「ひとりみ」の女王という感じでカッコいいです。

が……世の中は思うようにいかぬもので、結局、姫宮は、八条院の死ぬ前に死んでしまい、その広大な八条院領は昇子内親王が相続することになります（このあたりの相続のいきさつについては、『玉葉』の読みによって異説があります）。

ところがその昇子内親王も同年死んでしまい、八条院領は後鳥羽院へと伝わり、承久の乱で朝廷側が敗北すると鎌倉幕府に没収されて、幕府の手によって後高倉院へと渡されます。そして院死後は、娘の邦子内親王（安嘉門院）へ譲与され、その死後は後堀河院の娘の疇（暉？）子内親王（室町院）へ譲られることになるものの、折しも王朝は両統分離の時代に入り、幕府の介入によって亀山院へと伝領され、のちの南北朝分裂時代の南朝の祖・後醍醐天皇へと受け継がれるのでした（野村氏前掲書）。

平安中期、天皇妃のサロンを中心に文化が繁栄したのに対し、院政期（平安末期）には、女院が文化サロンの主役となって、彼女に仕える女房や、そこに出入りする武士や公達によって文芸が栄えたという側面もあり、五味文彦はこれを「女院文化圏」（『院政期社会の研究』）と呼んでいます。

こうした文化圏から誕生したのが健御前や源三位入道頼政といった人々でもあるのです。

八条院は、高収入ゆえに結婚できない現代女性とはかなり異なり、むしろ高貴な内親王であるがゆえにひとりみを強いられているような存在ではありますが……。

第五章

職業ゆえにひとりみ——大奥の最高権力者「御年寄」

大奥の権力者は生涯奉公……押しつけられた「ひとりみ」

見てきたように、前近代、人が「ひとりみ」でいるのには、さまざまな理由がありました。尊貴性や神秘性を保つためのひとりみ、貧しさゆえのひとりみ、はたまた金持ち過ぎるがゆえのひとりみ……。

斎院や斎宮のように、職種上、ひとりみを保つ人たちもいましたが、彼女たちは巫女的な職掌ですから、いわば「神と結婚」したがゆえに、人と結婚してはならないという意味合いもあったでしょう。

その伝でいうと、江戸時代の大奥の女たちなどは、将軍というただ一人の尊貴な人のために、勤務中は独身を貫いていました。

大奥は基本的に男子禁制であり、将軍のお手つき以外の大勢の女中たちは、大奥に勤務している期間だけ、ひとりみでいた。

つまり職業ゆえにひとりみだったわけです。

一方で、大奥は、武家の娘はもちろん、町人や農民の娘にとっての「花嫁修業」の場でもありました。

彼女たちは大奥で礼儀作法を習ったあと、良縁に恵まれるというコースを辿りました。また、離婚して奥女中として奉公に出る者も少なくありませんでした。

問題は、大奥の中でも、将軍の妻妾ではない、政治向きのことをする「お目見え以上」の高い身分の女中たちです。

女中には将軍に会える「お目見え以上」と、会えない「お目見え以下」がいて、一定の役職以上は、

「一生奉公とされ、暇をとることは許されない」（山本博文『知識ゼロからの大奥入門』）ということは、原則的には一生結婚できないということです。理由は、将軍や幕政の秘密を知る立場にあるので、「外部に漏れないようにするためだった」（山本氏前掲書）といいます。

羽目も外せない大奥の権力者　江島の悲劇

しかしそれなら、政治の表舞台で活躍する武士たち……男性権力者とて、将軍の秘密を握

ることもあるでしょうから、生涯独身でもよさそうなのに、そうではない。大奥の女性権力者だけ、一生奉公が義務づけられたのです。それはつまり、大奥が将軍の「性」に関わる場所だから、そうしたプライベートな部分を外部に漏らされないようにして、スキャンダルを起こさないようにしようという寸法でしょう。プラス、江戸の武家社会では、男尊女卑の気風が強く、女子は信用ならないものとされていたため、結婚すれば夫や子に、里に下がれば親兄弟に秘密を漏らすだろう、ならば、一生、独身のまま大奥にいさせよう、という発想から、そんな決まりができたのではないか……そんなふうに私は考えています。

男が平気で出入りし、仕える女房たちとの性愛が文化の一端を担っていた平安時代の後宮とは大違いの、何とも非人間的なシステムで、驚きます。

そもそも男が権力を持てば、妻だけでなく側室(そくしつ)も持てる。遊女遊びといった官能的な遊びもゆるされるのに、女はダメというのはおかしな話です。

権力があるにせよないにせよ、女だって時には羽目を外したり、男遊びもしたくなるでしょう。

ということで、もしも江戸時代でなければ、事件にもならなかったのではないか?と思ってしまうのが、有名な「江島生島事件(えじまいくしま)」です。

この事件のヒロインである江島(絵島)は、「お目見え以上」の高位の女中の中でも、老中に匹敵する、大奥の最高権力者「御年寄(おとしより)」でした。御年寄には旗本の娘が就きますが、江島も「旗本白井平右衛門の妹で、早くから大奥に仕え、六代家宣の愛妾左京（後の月光院）に気に入られ、次第に重く用いられついに御年寄にまで累進した」（高柳金芳『江戸城大奥の生活』）のでした。

そして家宣が死去し、左京の生んだ子が七代将軍家継となると、左京は出家して「月光院」と号し、将軍の生母として権勢を振るい、江島も絶頂期に至ります。

そんなころ、彼女は月光院の名代として、百三十人もの女中を率いて、家宣の墓参のために増上寺を参詣します。その帰り、人気歌舞伎役者だった生島新五郎の芝居を見物、酒宴を張り、羽目を外した結果、大奥の門限に遅れてしまうのです。

その結果、江島と生島は流罪、江島の兄は死罪、

「連座した者は千五百人に及ぶ」（山本氏前掲書）

という厳しい処罰を受けました。

時に一七一四年。

この事件に関しては、月光院のライバルだった、家宣の正室の天英院が仕組んだという説もありますが、真相は分かりません。確かなことは、この事件によって、江島の女主人たる月光院の影響力は大いにしぼみ、月光院と手を組んでいた間部詮房の力も削がれ、一七一六年、頼みの将軍家継が死ぬと、詮房は失脚に至るのでした。

私は、江島が流された高遠に花見に行ったことがあります。

現地には、竹槍的な柵で囲まれた「囲屋敷（かこみ）」というのが残っていて、江島のわびしい晩年を思うと、目頭が熱くなったのを覚えています。

「男も女も欲があって当然」姉小路の弁舌

江島の場合、どう見ても「はめられた」感が強く、また、高位の女中は生涯奉公を強いられるという大奥のシステムの異常さが浮き彫りになって、なんだか「ひとりみ」の悲しさばかりが思われてなりませんが……。

女だけに強いられる、こうした厳しい性道徳に敢然と抵抗した御年寄が、江島事件から百年以上ののちの大奥に君臨した姉小路（あねがこうじ）です。

姉小路の身分は「上臈御年寄（じょうろう）」という大奥女中の最高位です。ただし、上臈御年寄は、将軍の正室に伴われて京都から来る公家出身者というのが普通で、実権を握るのは格下の旗本出身者である「御年寄」です。にもかかわらず、姉小路が権勢を振るったのは、一説には、将軍家慶（いえよし）と男女の関係にあったからともいいます（氏家幹人『江戸の女子力――大奥猛女列伝』。本書によると姉小路の出自に関しても諸説あるようです）。

その真偽はともかく、天保の改革で厳しい倹約政策を推進していた老中・水野忠邦（ただくに）は、大奥にも経費節減が必要であるということで、重鎮の姉小路と面談します。水野の予想に反し、姉小路はあっさり承諾したものの……氏家氏の前掲書によれば、姉小路と水野のあいだにこんな会話が交わされたといいます。以下の会話は氏家氏による、大槻如電という人物が明治期に記した姉小路の話の孫引きとなりますが、あまりに面白いので引用させて頂くと……。

「越前殿に異な事を申すやうでございますが、人間には男女といふものがございまして、男女の間は男が女を愛するのも、女が男を愛するのも、同様の愛情であらうと考へます。又人間としての欲情は、平等のものであらうと思ひますが、如何でございます」

「如何にも上臈の仰しやる通りで」

「然らば尚ほ伺ひますが、奥に居る数百人の女中は、此人間の情欲を欠いて居ります。女として男に対する情欲を欠いて居ります。夫故に之に易ふるには、何か甘い物をたべるとか、美しい物を着るとかいふことがなければ、人間として人間の情欲を制することが出来ませぬ。それが為めにおのづと驕奢に流れるのは、已むを得ざる次第かと存じます」

さらに、姉小路はたたみかけます。

「承れは越前殿には、御妾様が四人とか五人とかおありなさるさうでございますが。是は如何でございます」

水野は答えることができず、

「へーと云つてひれ伏して、其座を立つて」

という次第だったといいます。

氏家氏の指摘するように、江戸時代に「愛情」とか「情欲」といったことばを姉小路が用いたとは思えません。「あくまで近代人大槻如電の言い換え」でしょう。しかし如電とて江戸末期の生まれで、著作が書かれたのも明治時代です。そうした時代にこんな言い換えがあり、しかももともとなった話は、「出典を書く必要がないほど広く流布していたのかもしれません」というほど有名だったそうです。

要するに姉小路は、「男女逆にして考えてごらんなさい！」と言っている。男女の役割を逆転させた、よしながふみの漫画『大奥』にも通じる論理で、水野を言い負かした姉小路。こうして彼女は、大奥の独立性を守ったのでした。

もっとも氏家氏の前掲書によれば、姉小路は収賄でも名高く、清廉潔白で通っていた老中阿部正弘も、施政上、大きな支障が出るというので、姉小路への贈り物を欠かさなかったといいます。

いずれにしても、姉小路の大物ぶりがうかがえます。

繰り返しになりますが、大奥の最高権力者はあくまで旗本出身の「御年寄」で、姉小路のような「上臈御年寄」は位は高くても実権がないのが常でした。「終身奉公を誓い、一生を不犯で終った。御台所、御簾中に万一のことがある場合は、その身替りになる覚悟であった」（高柳氏前掲書）というのが上臈御年寄でした。

一方の「御年寄」の権力がいかに絶大であったかが分かるのが、最後の将軍慶喜（よしのぶ）のことばを渋沢栄一が書きとめた『昔夢会筆記――徳川慶喜公回想談』です。それによると、慶喜が将軍職につくのを最初、断った理由として、

「当時の幕府は既に衰亡の兆を露わせるのみならず、大奥の情態を見るに、老女は実に恐るべき者にて実際老中以上の権力あり、ほとんど改革の手を著くべからず」

と、大奥の「老女」つまりは御年寄の権力が「老中以上」のため、改革しようにも不可能であろうということを挙げています。

幕末の御年寄の権勢は、江島のころと比べるとかなり強かったのかもしれません。

将軍の性を支配する「ひとりみ」

御年寄の支配は、将軍と側室の閨（ねや）の内にも及んでいました。

大奥には「御伽坊主（おとぎぼうず）」（御坊主）と呼ばれる、男の着物を着て羽織をかぶった将軍付きの坊主（尼とは呼ばれなかったそうです）がいて、五十前後の女がなったらしいのですが、これが大奥と将軍が政務を執る中奥とを行き来することができる上、将軍の寝所（寝所の次の間とも）に臥した。そして閨での様子を、御年寄に報告するというのです。しかも将軍が御（お）中臈（ちゅうろう）と呼ばれる側室と臥す時は、将軍を中央に御中臈のふとんを右、さらに将軍の左には、もう一人の御中臈のふとんを少し離れた所に敷く。都合四人が近い空間にいることになります。

こんなふうに側室に監視役をつけるようになったのは、「後に世継をきめるときその証拠となるべきものを得ておくためであった」といいますが、直接の引き金は「五代綱吉のころ柳沢吉保が愛妾染子を利用して、甲府百万石の御墨付を認めさせた事件からという」（高柳氏前掲書）。

吉保が自分の愛妾を将軍の閨に送り込んで、「おねだり」をさせたという事件があったため、こうしたことを未然に防ぐため、もう一人別の側室と御伽坊主の二人の監視役がつけられたらしいのです。

しかも、将軍の「お手つき」となることの多い、将軍付きの世話役の御中臈は、そもそも「御年寄が合議の上できめる」（高柳氏前掲書）。

御年寄は、将軍の愛妾となる女中の人選から、その閨の会話まで把握していたのです。

自分は「ひとりみ」ながら、夜伽のことなど大奥のすべてを掌握していた御年寄の姿を見ていると、神話時代の〝独神〟と呼ばれるスペシャルな神々が思い出されます。〝独神〟も夫婦神に指図をするなど、尊貴な長老的存在として君臨したものです（↓第一章）。

ちなみに最近の城郭研究によれば、側室らを呼んで将軍が夜を共にしたとされる御小座敷には、添い寝するスペースがなく、御中臈が寝所の中にまで入って添い寝するという通説に異論を唱える向きもあります（「新発見！『豊田家文書』でわかった大奥の新事実!!」……『江戸始図』でわかった〝家康の城〟の全貌――江戸城と大奥』所収）。

奥女中と春画……ひとりみであることが他者の欲望を刺激する

さて一方で、性のあふれる大奥という世界にありながら、「ひとりみ」を強いられる奥女中は、当時の人の劣情を大いに刺激していたようです。

とくにその内情を知りようもない庶民や男子にとっては、「妄想しがいのある題材」(春画ール『春画の穴――あなたの知らない「奥の奥」』)でした。

田中優子『張形　江戸をんなの性』には、春画に描かれたさまざまな張形(はりがた)が紹介されており、とくに菱川師宣(ひしかわもろのぶ)『床の置物』には、出入りの商人から大小さまざまな張形を並べられ、物色する奥女中たちの楽しそうな図や、張形を使って女同士で楽しむ女中たちを障子越しに覗き見て、イチモツで以て障子を破る男の図などが紹介されています。男子禁制のはずの大奥に男がいるのも不思議ですが、

「男は御宰(御菜)と呼ばれた、奥女中のお伴や使い走りをする下男であろう」(田中氏前掲書)

といいます。

床下に潜む男のイチモツが床板を突き抜け、ちょうどそこにいた奥女中の陰部に命中する図などもあり、まさに妄想力全開。

多いのは、女性のマスターベーションの図で、奥女中は男に飢えているはずで、自分で自分を慰めているはずという観念があったことをうかがわせます。

春画は女の享受者も少なくないとはいえ（佐伯順子『「愛」と「性」の文化史』）、こうした奥女中の性の世界は、男たちのいわゆる「おかず」「ズリネタ」となっていたことは想像に難くありません。

実際、『艶道日夜女宝記』には、マスターベーションをする女の掛け軸を見ながら、マスターベーションをする男が描かれています（白倉敬彦『春画の色恋——江戸のむつごと「四十八手」の世界』）。

庶民や下級武士の娘にとっては憧れの花嫁修業の場であったとはいえ、上級の奥女中ともなると、生涯をひとりみで過ごさねばならないという大奥の特徴が、「そそる」要素となったのです。

第六章

大奥における将軍は「ひとりみ」に似ている？

「ひとりみ」と権力の関係

前章で、ひとりみの御年寄が大奥の最高権力者として権勢を振るい、将軍の性まで把握していたことに触れました。

それは、神話時代、原初の世界に現れて、のちに夫婦神を指図するスペシャルな神々となった、ひとりみの神〝独神〟を想起させるとも。

ここで考えてみたいのが、「ひとりみ」と権力の関係です。

将軍が側室と寝る時、二人きりでなく、もう一人の側室（御中臈）と御伽坊主の二人をそばに侍らせた。それは将軍の意志ではなく、閨で側室が将軍に法外なおねだりをしないよう、お世継ぎ問題でもめないように考案された策と伝えられており、閨の出来事は御伽坊主によって、大奥の最高権力者である御年寄に逐一報告されました（↓第五章）。

ここで気づくのは、本来であれば、江戸幕府の最高位である将軍が、その権力を私的に行使しないよう、二重三重にストッパーが掛けられているということで、こうなると「権力者とは誰だ」ということになる。

この場合、権力者は、将軍でも側室でも、さらには正室である御台所（みだいどころ）でもなく、彼らの性を管理下に置いている御年寄ということになります。彼女にそれが可能なのは、一つには、彼女の意見を揺るがす弱みや情を生む「性関係」がない、「ひとりみ」であるからに違いありません。

権力者には、大勢の人々が、さまざまな手段ですり寄ってくるものです。

その最たるものがカネや物、そして性です。

性の力で人に支配されることのなかった上臈御年寄の姉小路は、一面、賄賂で左右される人でした。

しかしもしも、莫大な物や土地、カネをも自由にできる身であれば、理論的には何物にも左右されず、すべてを自分の好きにできるということになります。

つまり、独裁者です。

独裁者と「ひとりみ」は相性がいいのではないか、というのが本章で掲げてみたい仮説なのです。

独裁政権を貫くにはひとりみがベスト

ひとりみの独裁者で有名なのがヒットラーです（ただし、非公式の恋人エヴァ・ブラウンとは死の直前、結婚式を挙げている）。

彼がひとりみでいたのは「婦人票を失わないため」（舛添要一『ムッソリーニの正体――ヒトラーが師と仰いだ男』）ともいいますが、果たしてそれだけでしょうか。

本当に自分の好き勝手に物事を動かしたいと思えば、特定の妻などないほうがいい。独裁者が男であれ女であれ、配偶者というのは色々意見してくるものですし、しぜんと相手の弱みを握るものです。そして独裁者にとって弱みを握られることほど苦々しいものはありません。そんな存在は、はなからないに越したことはない。そういう心理がヒットラーにも働いていたのではないでしょうか。

が、内外の歴史を見ても、大きな権力を振るっていた人物で、ひとりみだった人は、とくに男性にはなかなかいないものです。

それは、権力者が性を通じて権力を子孫に伝えたいと考えるからでもあり、また、権力を持てば性の喜びも当然、自由に追求できる立場となりますから、欲望に打ち勝てないということもあったでしょう。

従って、ひとりみの権力者というと、どうしても女性、即位後は夫を持たない、もしくは独身のまま即位した女帝が代表的ということになります。

彼女たちの場合、結婚して子ができれば、女系天皇の誕生となりかねないため、ひとりみでいざるを得なかったという事情があります（→第二章）。

が、男であっても、強い独裁政治をするためには、ひとりみのほうが良いでしょう。結婚して子ができれば、その子の母方（外戚）の勢力がどうしても強くなり、果ては乗っ取られる形となるようなこともあります。その代表例が鎌倉政権です。鎌倉幕府は源頼朝が開き、その子・頼家が二代将軍、実朝（さねとも）が三代将軍となりますが、頼家の子・一幡（いちまん）の母方である比企（ひき）氏が権勢を持ちそうになったため、比企氏は頼家の母方の北条氏に滅ぼされ、ついには頼家自身も暗殺されます。実朝は、兄・頼家の遺児で、実朝の猶子となった公暁（くぎょう）に殺され（この事件の背後にも北条氏がいたという説もあります）、頼朝の後家である北条政子が尼将軍となって幕府を率い、承久の乱で朝廷に勝利、政子の死後は、朝廷からお飾りの将軍を連れて来て、北条氏は執権として実質的な権力を握ることになる。

頼朝が北条氏と結婚さえしていなければ政権を乗っ取られることもなかったわけです。もっとも、北条氏の力がなければ、平家に打ち勝って武家政権を作ることもできなかったでしょうが……。

何が言いたいかというと、独裁政権を貫くには、カリスマ性を保つことのできるひとりみがベストということなんです。

表1：正妻腹率

	平安時代	鎌倉時代		室町時代	江戸時代
	摂生関白	将軍	執権	将軍	将軍
母が正妻である数／全体数	17／22	6／9	9／16	7／15	3／15
母が正妻である率＝正妻腹率（四捨五入）	77%	67%	56%	47%	20%

強い外戚を作らない徳川政権の戦略

とはいえ、ひとりみでなくても、権力や権威を保つことはできます。

あまり強い立場の妻や愛人を持たなければいいのです。

それをやったのが江戸幕府、大奥という装置によって世継ぎを保った徳川政権ではないか。

以前、各時代の最高権力者の母親の地位や出身階級を調べたことがあります（拙著『女系図でみる驚きの日本史』）。その結果、母が正妻である率（正妻腹率）は、平安時代の摂政関白が七七％、鎌倉時代の将軍が六七％、同時代の執権が五六％、室町時代の将軍は四七％と、時代が下るにつれ下がっていき、江戸時代の将軍はなんと二〇％しかいないことが分かりました。

つまり時代が下るほど、母方の重要性が低くなっている、女の影響力と地位が下がっているのです。

だとしても徳川将軍の母の正妻率の低さは異常なほどで、予想はしていたものの、驚いた覚えがあります。

徳川将軍の妻妾は、御台所（正妻）と側室の身分差が極端なことでも際立っています。

正妻は三代将軍・家光以降は皇族や最高位の公卿から迎えられました。二人ほど外様大名の島津家出身者がいるものの、共に近衛家の養女になってから輿入れしています。

正妻を朝廷から連れてくるのは、朝廷対策でもあるのですが、結局はお飾りで、強い力は持ちません。正妻付きの奥女中も、姉小路のような例外を除けば権力は持たず、もっぱら力を振るっていたのは旗本出身の御年寄です。

一方、側室はというと、旗本の娘のほか、八百屋や百姓や魚屋の娘など、低い身分の者が多い。

少しくらい大名家から迎えても良さそうなのに、側室というのは大奥に仕える女中から選ばれる「将軍の家来」という位置づけなので、権勢のあるところからは迎えないのです。

これは、家康が『吾妻鏡』の愛読者で、そこに描かれている事実……源氏が北条氏に乗っ取られたような形になったこと……から、強い外戚は作ってはならないと考え、代々そのようになったというのが私の考えです。

要するに、徳川家の力を守るため、強い家から妻や側室は迎えなかった。

そして、そのような「臣下」としての側室の集まる大奥があるおかげで、江戸幕府は徳川一強を保つことができたのではないか。

女と寝て、子孫を作りながら、特定の妻の強い影響を受けることから免れるという、「ひとりみ」に似た世界を築いていたのではないか。

大奥における将軍は一周回って「ひとりみ」に似ている……そんな考えに辿りついたのですが、皆さんはどう思われるでしょう。

第七章

自分の人生を生きたいからひとりみ
——結婚が権力の道具だった時代の「結婚拒否」の思想

良い結婚を期待される平安女子のプレッシャー

第六章で、ひとりみと権力、ひとりみと独裁について考えてみましたが。

「政略結婚」ということばもあるように、権力は結婚を通じた同盟関係によって強化され、子孫を各陣営に配することで拡張されるものです。

蘇我氏や藤原氏は天皇家に娘を入内させ、その外戚になることで最高権力者となったし、北条氏に足をすくわれる形となった鎌倉時代の源氏も、妻方の北条氏の後ろ盾があったからこそ、武家政権を打ち立てることができたのです。

権力と結婚は切っても切れない関係がある。

それだけに、親による子の結婚への期待とコントロールは激しく、時に子にとって苦痛以外のなにものでもありません。

戦国時代に女が政略結婚を繰り返させられたり、江戸時代などの武士の時代に嫁が男子を生まぬというので婚家でいびられたり、妾を置く理由にされたり……というのは、よく知られたことですが、そうした時代よりは女性の地位が高かった平安時代にも、親による子への結婚・出産への「圧」はありました。婚家より実家の親による「圧」が、とくに娘に向けられていたのです。

そもそも平安時代には、婿が妻方に通い、新婚家庭の経済は妻方が担って婿の出世をバックアップしたため、親は娘と婿を、息子以上に重視していました。

平安中期の『新猿楽記』は、猿楽見物に出かけた一家の肖像を描くことで、当時の職業などを列挙した往来物の祖といわれるのですが、この作品は娘の婚姻には筆をふるっても、息子の配偶者には見事なまでに興味を示してはいません。最初に描かれるのは三人の妻たち、続いて娘たちとその婿たちが列挙され、十六人の娘の記述が終わったところで、やっと長男が登場。以下、次男から九男が紹介されて物語は閉じられます。

娘の婚姻が家を左右する当時、娘婿は家族でも、息子の妻は他人という感覚に近かったわけです。それで息子より娘が重視され、ために、娘へのプレッシャーも大きいものがありました。

娘の結婚への親の期待については拙著『毒親の日本史』などでも書いてきましたが、良い結婚をしたとしても、さらに良い出産を期待され、しくじれば親子関係に亀裂が入ることもありました。

実際に、一条天皇に入内した藤原元子は妊娠したものの、生まれたのは水だった上、天皇死後、別の男を通わせたというので、父・顕光との不仲が決定的になり、顕光はいったん元子に譲った所領を取り上げて、妹・延子に譲り直してしまう。そのため、元子と妹の仲まで悪くなったということもありました（『栄花物語』巻第五、第十四）。

有名な藤原道長にしても、三条天皇の東宮時代に入内した娘・妍子が皇子ではなく皇女を生んだ際は、とても残念がり（『栄花物語』巻十二）、同時代の藤原実資（さねすけ）の日記『小右記』によれば、〝不悦気色甚露〟（長和二年七月七日条）と、露骨に落胆したといいます。

では、親の思惑通りに良い結婚・良い出産をすれば幸せなのかといえば、必ずしもそうではなかったのではないか……そんなふうに思わせるのが、当時の物語に描かれた天皇妃の心情です。

物語に描かれた天皇妃の不満

平安中期の『うつほ物語』の〝あて宮〟と呼ばれる美女は、かぐや姫よろしくあまたの人々に求婚されながら、結局は東宮と結婚し、皇子たちを生み、その後見役たる一族は繁栄、当時の大貴族の理想の人生を歩みます。

ところが彼女、ことあるごとに宮仕えの不満を家族に漏らしている。

姪である皇女が出産した折は彼女を羨んで、参上した同母兄に、

「私などは、こんな大勢の女たちのいるところに放り出されて、世間からはつらく縁起でもない誹謗中傷を聞かされ、お相手の東宮はとくに華やかな方でもいらっしゃらない。それで私が不機嫌な気分のままに目も合わせ申し上げずにいるものですから、性格が悪いとお思いのようです。本当につまらない。里にいた昔ばかりが恋しくて、こんなはずではなかった、どうしてこんな宮仕えに出されてしまったのかと思うと、情けなく悲しいことも多くて」(「蔵開　上」巻)

とこぼし、伯父の喪に服するため里下がりした時も、兄や母に、

「つまらぬ宮仕えをして、人々のひどい悪口を聞く時はどうにも苦々しいものです。〝心ざしありし人〟(私に思いを寄せてくれる人)と結婚すればよかった。それならこんなふうに悪く言われなかったのではと思う時が多うございます」(「国譲　上」巻)

と言って、泣いてしまいます。

『うつほ物語』は『源氏物語』に多大な影響を及ぼした物語です。そんな物語が、「入内(じゅだい)」(東宮や天皇と結婚して内裏(だいり)に入ること)という当時の大貴族にとって権力へのパスポートである結婚に対して不満を抱く女君を描いた。そういう点で、この物語には注目すべきものがあります。

それでもあて宮は、東宮（天皇）に熱愛され、多くの皇子たちを生むことで、家族の期待に応えたから、まだましです。

一族の期待を担って内裏に上がっても、愛されず、子も生まず……となれば、その悔しさ惨めさ悲しさは一通りではなかったでしょう。だからこそ、あて宮のような勝利者は嫉妬を浴びて、苦しんだのです。

現実でも、親の期待を背負って入内した娘が、思い通りの出産をしなかったため、親が落胆したということはすでに触れましたが、『うつほ物語』では、親の期待通りに出産しても、当の本人が嫉妬されたり、陰口を言われたり、というので、必ずしも幸せを感じていたわけではないという設定なのです。

良い結婚をしなければ地獄、良い結婚をしても良い出産をしなければまた地獄……というのが歴史物語や日記が伝える現実の平安貴族女性の結婚の一側面でしたが、『うつほ物語』では、良い結婚と良い出産をしても地獄が待っている。それは歴史物語や日記では語られない現実の貴族女性の「気持ち」の反映でもあったでしょう。

こんなふうに、親に期待をかけられる娘たちのプレッシャー、期待を裏切ることへの恐怖の果てに、平安時代、生まれたのが「結婚拒否の女子の物語」であり、その嚆矢(こうし)が『竹取物語』のかぐや姫です。

物語の祖『竹取物語』は結婚拒否の話だった

竹から生まれたかぐや姫は、多くの男たちの求婚を拒み、果てはミカドの求婚すら断り、月へ帰っていく……日本人なら誰でも知っている、かぐや姫の話が語られた『竹取物語』は、『源氏物語』によれば、

〝物語の出で来はじめの親〟（「絵合」巻）

です。

この物語が、徹底した結婚拒否の話なのです。

かぐや姫の評判を聞き伝え、多くの求婚者が集まるようになると、養い親の竹取の翁はかぐや姫にこう言い諭します。

「翁は年も七十を過ぎてしまいました。今日明日をも知れません。この世の人は、男は女と結婚する、女は男と結婚する。そうしたのちに、一門が繁栄するのです。どうして結婚せぬままお過ごしになれましょう」（〝翁、年七十に余りぬ。今日とも明日とも知らず。この世の人は、男は女にあふことをす。女は男にあふことをす。その後なむ門広くもなりはべる。いかでかさることなくてはおはせむ〟）（『竹取物語』）

結婚してこそ一族が繁栄するのだ、と。するとかぐや姫は、

「なんでそんなことをするのです」（〝なんでふ、さることかしはべらむ〟）

と尋ねます。翁は、

「変化の人でいらしても、女の体をお持ちです」（〝変化の人といふとも、女の身持ちたまへり〟）

と、竹から生まれた神の化身であっても、女の体を持っている限り、結婚すべきなのだ、と主張します。

竹取の翁の物言いはかなり露骨です。普通こういうことは、母親や乳母が教え諭すものですが、『竹取物語』では妙に養母たる嫗の存在感が薄く、翁ばかりが目立っています。このあたり、外戚政治が行われていた時代ならではの父親の熱意だけでなく、養父である翁の性的な目線も感じられる。実は『竹取物語』の原形は、天降った天女の衣を隠し、天女が天に帰れないようにして結婚した男の物語、「羽衣伝説」がルーツであるという説があります。

三谷栄一は、

「娘となるのと妻になるのと、その境目は説話においてははっきりしていなかった」（『竹取物語評解』）

といいます。翁とかぐや姫が夫婦であったとすれば、二人のあいだに性的な会話があったり、嫗の存在感が薄かったりするのも納得できます。かぐや姫が頑なに結婚を拒んだことも理解できます。

話を『竹取物語』に戻すと、最も注目したいのは、

〝なんでふ、さることかしはべらむ〟

という、翁に対するかぐや姫の問いです。

結婚など手に届かぬような貧しい下人の娘ならともかく、貴族たちに求婚されるほどの富裕者の娘となったかぐや姫が、

「なぜ結婚なんてことをするのでしょう」

と疑問を投げ掛けたのです。

これは思えば凄いことで、物事の本質に迫るかぐや姫の超越性を表しています。それに対して、あくまで俗の世界で生きる翁が、求婚者の中から結婚相手を選ぶよう迫ると、かぐや姫はこう言いだします。

「私は大して容姿も良くないのに、相手の深い気持ちも知らずに結婚して、あとで相手に浮気心でも湧いたら、後悔するのではと思うだけです。どんなに素晴らしい方でも、こころざしの深さを確かめないでは結婚したくないと思います」

と。絶世の美女のはずのかぐや姫が、「大して容姿も良くない」と言っているのは皮肉でしょうか。あるいは、外見で結婚相手を選ぼうとする人間の愚かさへの批判めいた精神が込められているのでしょうか。

これを受けた翁が、

「私の思う通りのことをおっしゃる。そもそもどのくらいの愛情のある方と結婚したいとお思いですか。どなたもこんなにも愛情深い方々のようなのに」

と詰め寄ると、姫は答えます。

「どれほどの深い愛情を見ようとは言いません。ほんの少しのことです。あの方々の愛情は同程度のようです。なんで優劣が分かるでしょう。五人の中で、私が見たいと思うものを目の前で見せてくれた方を、お気持ちの深い方として、お仕えいたします」

と。翁に結婚を強いられたかぐや姫は、こうしてとくに熱心な五人の求婚者に無理難題をつきつけることにします。そうして彼らを撃退し、さらにミカドの求婚をも拒み、八月十五夜、迎えの天人と共に月へ帰ってしまうのです。

天皇家へ娘を入内させ、生まれた皇子を即位させて、その後見役として一族が繁栄していた平安時代、この物語は大いなる政治批判の書、構造批判の書と言えるでしょう。

同時に、

「そもそもなぜ人は結婚するのか」

という根源的な問いを、時代を越えて投げ掛けているのです。こうした外戚政治への批判、結婚というものへの根源的な疑問と拒否の思想を受け継いだのが、『竹取物語』を〝物語の出で来はじめの親〟とリスペクトした『源氏物語』でした。

もしもかぐや姫が結婚していたら……玉鬘の物語

周知のように『源氏物語』は、外戚政治盛んなりし平安中期、紫式部と呼ばれる女性が書いた、五十四帖からなる長編小説です。「桐壺」巻から「藤裏葉」巻までは、主人公の源氏が苦難を乗り越えながら、准太上天皇にまで出世し、一族が繁栄する様が描かれます。そして「若菜上」巻から、源氏の死を暗示する巻名だけの「雲隠」巻までは、源氏の幸せに陰りが見える物語。以上二部は「正編」とも呼ばれます。

さらに「匂宮」巻以降は源氏の子孫たちの物語となり、そのうち「橋姫」巻から最終巻の「夢浮橋」巻までは、宇治を舞台に展開することから「宇治十帖」と呼ばれます。

この「正編」の主人公である源氏は、父帝の中宮・藤壺を犯し、生まれた子（冷泉帝）は即位する。つまり主人公は皇統乱脈を招いているわけで、このストーリー仕立てそのものが、娘を天皇家に入れて、生まれた皇子の後見役として、天皇の母方（外戚）が繁栄していた当時の政治を根底から覆すような、政治批判の要素を含んでいると見ることができます。

しかしこの場合、困るのは皇統を乱された天皇家のほうで、娘を道具として繁栄していた「外戚」にとってはいずれにしても栄華が待っているのですから、即位したのがたとえ天皇の子でなくても、痛くも痒くもありません。その意味でこのストーリー仕立ては当時のシステムの隙をついたものではあっても、実質的な最高権力者である「外戚」の藤原氏への批判にはなり得ていません。

そうではなくて、藤原氏への批判……ひいては、「結婚」や「性愛」というきわめて個人的なものを道具にしていた当時の政治、もっと言えば子の人生を使って欲望を満たそうとしていた親というものへの批判……批判ということばがふさわしくなければ、「違和感」ともいうべき思い、さらには、そうした違和感にとどまらず、さまざまなしがらみに搦め取られた人間が、自己の人生を取り戻すにはどうすればいいのか……という思い。そうした思いを追求する試行錯誤のうちに生まれたのが、玉鬘（たまかずら）と浮舟という女君ではないか。

玉鬘は『源氏物語』の中で、唯一、かぐや姫よろしく求婚者を集めた女君です。正確には、竹取の翁に相当する養父・源氏によって、求婚者と対峙させられた女です。彼女の実父は内大臣（昔の頭中将（とうのちゅうじょう））。母は夕顔ですが、両親もいない寄る辺ない立場だったこともあって、頭中将の正妻に脅されていた。頭中将本人も夕顔のもとに通わず、放置しているうちに、源氏が通うようになります。しかし、夕顔を低い身分の女と思って侮った源氏は、彼女を廃院に連れ出し、そこで夕顔は変死してしまいます。源氏が夢で、夕顔に嫉妬する女の霊を見た。そのあと、夕顔が震えだし、冷たくなってしまうという設定です。そうとも知らされぬ夕顔の召使たちは、女主人の帰りを待ちながら、幼い玉鬘を大変な苦労をして育てます。このあたり、源氏に代表される大貴族の横暴が浮き彫りになっている箇所で、亡き夕顔や玉鬘はそうした大貴族の犠牲者という形です。

そして玉鬘が四歳のころには、乳母の夫の赴任先の九州に伴われ、成人すると土豪の求婚から命からがら逃げ出して、長谷寺に参詣。その時、もとは夕顔の女房で、今は源氏に仕えている右近と巡り逢います。ここから玉鬘は源氏の養女となって、源氏にセクハラを受けながら、源氏の意向で集められた大勢の求婚者と対峙することになるのです。

竹取の翁に性的なことばをぶつけられながら、結婚を強いられるかぐや姫が、彷彿されます。

そんな玉鬘でしたが、やがて源氏の不義の子・冷泉帝への出仕の形での入内が、玉鬘自身も納得の上で内定。

ところが……実父・内大臣の意を受けた女房の手引きで鬚黒右大将（ひげくろのうだいしょう）に犯され、鬚黒と結婚することになってしまいます。鬚黒にはすでに妻子がいましたが、玉鬘との結婚を機に妻とは離婚、玉鬘は正妻となって子女を多くもうけ、結果オーライとはなるのですが……。

夫と死別後は、自身の身替わりよろしく、すでに退位していた冷泉院に長女を参院させます。長女は男宮を生むものの、院の妻には玉鬘の異母妹の弘徽殿女御（こきでんのにょうご）もいるし、周囲の嫉妬に気苦労の絶えぬ日々を過ごすことに。一方、次女は出仕の形でミカドに入内、こちらもミカドの妻には玉鬘の義妹の明石の中宮がいるので、心労は絶えない。息子たちの昇進も思うようにはいかず、玉鬘は「夫が生きていれば」と愚痴るオバサンになってしまうという設定です。

かぐや姫のモチーフをなぞりながら、結局は意に添わぬ結婚をして、『うつほ物語』のあて宮のように現状への不満を愚痴るという展開になっていくのです。

もしもかぐや姫が、意に添わぬまま結婚をしていたら……紫式部はそんなふうに考えて、玉鬘の物語を作ったのでしょうか。

もっとも、源氏の物語が綴られた「正編」と「宇治十帖」のあいだに置かれた「匂宮」「紅梅」「竹河」の三巻は、紫式部の筆ではないという説もあります。私も「匂宮」「紅梅」巻はあやしく感じますが、玉鬘が愚痴っぽいオバサンと化す様子の描かれた「竹河」巻はそれなりにリアルで面白く、「正編」から執筆間隔のあいた紫式部の筆ならし的な巻であったのではないかと思っています。

玉鬘同様、劣り腹・地方育ちの浮舟が辿った道

『源氏物語』において、「結婚拒否」のかぐや姫の心を受け継いだのは、最後のヒロイン浮舟でした。

浮舟の父は源氏の異母弟・八の宮という高貴な身分でしたが、玉鬘同様、母の立場が弱かった、いわゆる〝劣り腹〟の娘です。

そして、玉鬘同様、京ではなく地方で育ちます。

八の宮のお手つきだった中将の君という女房を母に持つ浮舟は、父に認知されぬまま、母の結婚相手である受領(ずりょう)の継子となって、幼いころは東国で過ごします。

やがて玉鬘同様、上京するものの、彼女の歩んだ道は玉鬘とは対照的でした。

浮舟の異母姉で、亡き八の宮の正妻腹の娘たちである亡き大君(おおいぎみ)や中の君に執着する薫(かおる)(源氏の晩年の子。実は女三の宮が柏木(かしわぎ)に犯されて生んだ子)は、浮舟の存在を知ると、人を介して彼女にアプローチします。が、彼女を受領の継子と侮っているので、自分からは動こうともしません。高貴な八の宮の非情な扱いに懲りている母・中将の君は、女二の宮という高貴な妻を持つ薫の申し出は本気にせず、自分で浮舟の結婚相手を見つくろいます。しかし男は財産目当てだったため、浮舟が受領の継子と知ると、受領の実子(中将の君の実子でもある。浮舟の異父妹)に乗り替えてしまいます。

はなから結婚に挫折した浮舟は、「この子だけは上流の世界に」という母の期待を背負いながら、異母姉・中の君の屋敷に預けられることになりました。母・中将の君は、

「この姫を誰も一人前扱いする人がいないから、皆にバカにされるのだ」

と考え、疎遠だった八の宮家(八の宮はすでに故人)に近づこうとしたのです。そして、かねてから「亡き大君の代わりに」と浮舟を求めていた薫に、浮舟を縁づけるよう中の君に託して帰ってしまいます。

ところが、そこでも浮舟は、その身分ゆえにひどい目にあいます。

中の君の夫の匂宮に犯されそうになるのです。

事実を知った母・中将の君は、浮舟を隠れ家に移すのですが、それを知った薫はチャンスとばかりやって来て、正式な結婚の手はずも踏まず、浮舟をあっさり犯してしまう。

こうして浮舟は、薫の囲い者として、亡き大君らが住んでいた宇治に放置されます。そこへ、あの匂宮が薫を装ってやって来る。そしてやはり浮舟をあっさり犯してしまいます。しかも寂しかった浮舟は、薫というパトロンがいながら匂宮とも密通を続ける……。

やがて薫が、浮舟を正式な妻の一人として迎えることを決めた矢先に、匂宮と浮舟の関係が発覚。浮舟は二人の板挟みになり、さらに母の中将の君にこの関係が知られるのを恐れ、死を選ぶのです。

その直前、女をめぐって二人の男が戦って、一人は死んでしまった東国の悲話を、侍女に聞かされた浮舟は、薫か匂宮のどちらかを選ぶよう侍女たちに迫られ、こう思っています。

「私が宮に心を寄せていると思って、彼女たちがこんなことを言っているのはとても恥ずかしい。〝心地にはいづれとも思はず〟(私の気持ちとしては別にどちらをと思っているわけではない)。ただ夢のように途方に暮れるばかりで、ひどく焦っておいでの宮のことはなぜこんなにもとは思うものの、長い間おすがりしてきた薫の君とももうこれっきりお別れしようとは思わぬからこそ、こんなにひどく思い詰めているのに」(「浮舟」巻)

と。

薫や匂宮はほかに妻がいながら、浮舟をも得ようとしている。女である浮舟だけが一人を選ばなければならないのは現代人から見るとおかしな話だし、そもそも浮舟は薫とも匂宮とも自ら望んで関係したわけではありません。どちらの男も選べないのは無理もありません。しかしもちろん浮舟は、自分の置かれたそんな理不尽な立場を理解しているわけではない。どちらの男も選べず、思い悩んだ浮舟は、東国で起きた悲話のようなことが、薫と匂宮の間で起きるのではと恐れ、

〝まろは、いかで死なばや〟

と思いつめて、死を決意するのでした。

こうして浮舟亡きあと、残された遺族は、浮舟の遺体もないまま葬儀を済ませます。薫と匂宮はそれぞれに嘆き悲しむものの、やがて日常を取り戻していきます。

薫は、匂宮の同母姉妹の女一の宮を垣間見、彼女への憧れをつのらせ、女一の宮の異母妹である妻の女二の宮に、女一の宮そっくりの格好をさせる。一方、匂宮は新参の高貴な女房の尻を追いかける……といった具合です。

浮舟を失って一時は動転した男たちが、結局は何も変わらなかった……ということを、丁寧にあぶり出したあと、物語は驚愕の事実を読者につきつけます。

死んだと思った浮舟は、実は生きていた。

見知らぬ僧尼に助けられ、記憶喪失になっていたものの、やがて一切の記憶を取り戻した末、僧に頼んで出家を遂げるのです。

この、出家時の浮舟の思いが「ひとりみ」的にぐっとくるのです。

これで結婚しなくてはと思わなくて済む！

そもそも浮舟を助けた尼は、浮舟に関してこんな思いを抱いていました。

「素晴らしい天人が天降ってきたのを見ているように思われるにつけても、また天に帰ってしまうようで不安な気持ち」（〝いみじき天人の天降れるを見たらむやうに思ふも、危き心地〟）（「手習」巻）

「かぐや姫を見つけたという竹取の翁よりももっと珍しい心地がする」（〝かぐや姫を見つけたりけん竹取の翁よりもめづらしき心地する〟）

と。

『源氏物語』の作者は、浮舟をはっきりかぐや姫に重ねているのです。

そんな浮舟は、この尼によってまたも結婚させられそうになります。尼の娘は若くして亡くなっていて、浮舟を娘の身代わりとして大事にしようと考えた尼は、亡き娘の婿・中将と浮舟を結婚させたいと望むようになります。つまり浮舟はかぐや姫同様、したくもない結婚を強いられそうになるのです。そんなわけでこの尼は、浮舟の出家にも反対していた。そのため、浮舟はこの尼の留守を狙って、念願だった出家を遂げるのでした。

亡き大君の身代わりとして薫の囲い者にされていた浮舟は、自殺未遂後も、助けてくれた尼の亡き娘の身代わりにされそうになっていた。自分ではなく、またも誰かの身代わり人生を生きさせられそうになった浮舟は、出家を果たすと、

「気が楽になって嬉しい」（〝心やすくうれし〟）

と思います。

「これで世間並みに生きなくてはいけないと思わずに済むようになったことは、本当に結構なことだ」（〝世に経べきものとは思ひかけずなりぬるこそは、いとめでたきことなれ〟）

と、

「胸の晴れる心地」（〝胸のあきたる心地〟）

がします。

〝世に経べきもの〟の〝世〟とは男女の仲、夫婦のあいだ柄といったことを指します。そうした世間並みの結婚をしなくても済む……そう思うと、初めて胸がすっと晴れる心地がしたというのです。

財産目当ての婚約者、女房風情の身分と侮り迫ってきた匂宮、自分を見下し放置していた薫……そして、「娘だけは上流の世界に」と過剰なまでの期待をし、娘の体で自分の欲望を満たそうとした母。

浮舟にとって性や結婚は、常に受け身のものであり、抗いがたいものでした。

にもかかわらず、母は彼女に「幸せな結婚」を望み、侍女たちも「関係したふたりの男た

ちのどちらかを選べ」と言い、助けてくれた尼も「亡き娘の婿とくっつくこと」を期待していた。竹取の翁よろしく、「この世の人は、男は女と結婚する、女は男と結婚する」と、彼らは考えていたのです。

浮舟は出家することで、そうした他者の欲望を振り切り、やっと自分を……結婚したいと思ったこともなければ、自分から男と関係したいと思ったこともなかった自分を……取り戻したのです。

もちろん、出家したからといって、すべてが自由になるわけではありません。第三章でも触れたように、中宮定子は出家後も一条天皇を受け入れ、皇子女を出産しますし、当の浮舟にしても、尼姿を覗き見た中将に欲情されています。

が、結婚が権力の道具だった当時、出家によってもたらされた「ひとりみ」という浮舟の選択は、周囲の期待に添わなくて済むという自由の象徴であり、良い結婚・良い出産というプレッシャーからの解放でした。

男と女がわかり合えぬまま、親子の再会も叶わぬまま幕を閉じる『源氏物語』のラストは、尻切れ蜻蛉ともいわれますが、不思議な爽快感が漂うのは、この、一人の女の開放感を描いているからではないでしょうか。それは、親によって政治の道具にされた当時の貴族女性(もちろん中には、自ら望んでその道を選ぶ野心家もいたでしょう。しかしそれもまた親による洗脳であった可能性もあります)や、彼女に仕える女房たちはもちろん、世俗の女性観や結婚観に疑問を覚えるすべての時代の老若男女の心身に響くものであるに違いありません。

元祖「こじらせ女子」だった？　浮舟の異母姉・大君

ついでに言うと、薫が浮舟に執着するきっかけとなった彼女の異母姉の大君も「ひとりみ」的に非常に重要な人です。

浮舟と違って、母は高貴な正妻（といっても実は浮舟の母・中将の君のオバという近い血筋）であった大君ですが、薫に求められながらも、彼を拒み続けます。

新婚家庭の経済は妻方で担うのが普通だった当時、貧しい宮家に近づく男は成り上がり者か、遊びで声をかけてくる者しかいないと考えていた父宮が、「宇治を離れず引きこもって暮らせ」と遺言していたからです（「椎本（しいがもと）」巻）。

宮は娘にはこう言いながら、薫に対しては「私の亡きあとは娘たちをよろしく」的に頼んでいたので、薫としては〝領じたる心地〟（すでに我が物にしたような気持ち）になっており、大君と薫のあいだに認識のズレが生まれるという事情もありました（こうした人々の心のすれ違いを描いているのも宇治十帖の特徴です）。

大君はまた、二十六歳という自分の年齢（薫は二十四）や容姿にコンプレックスがあって、

「薫のような気後れする人と結婚するのは決まりが悪い」

「お互い悪く思ったり裏切ったりしないままで終えたい」

つまりは幻滅したり、幻滅されたりしたくないとも考えていて（「総角」巻）、結婚に踏み切れなかったのです。

そして、妹の中の君の夫・匂宮と権門の姫君との縁談が進んでいると知って絶望し、〝物をなむさらに聞こしめさぬ〟（同）

という拒食状態になって、死んでしまいます。

亡き雨宮まみは、自己評価が低く、人間関係を複雑化してしまう「こじらせ女子」ということばを作ったものです。大君はそんな「こじらせ女子」の元祖にも見えるのですが、いかがでしょうか。

第八章

家のためにひとりみや結婚を強いられる——才女・只野真葛(工藤綾子)の「ひとりみ感」

奉公も結婚もすべて親に決められ……

平安時代はもちろん、いつの時代にも家のために結婚を強いられる者は男女を問わずいたものです。とくに女は——自分の強い意志で許嫁のもとを出奔し、源頼朝のもとに走る北条政子のような女もいるものの——親兄弟の都合での結婚はとても多いものでした。

恋と美が賞賛される平安時代の物語でも、兄・兵部卿(ひょうぶきょう)の強い勧めで入内した『源氏物語』の藤壺や、『うつほ物語』の〝あて宮〟のように、自分の意志とは別の力によって、結婚という重大事が決められたのです。

同じように、「ひとりみ」でいることも、親に決められてしまうこともあります。

その現実の例が江戸時代の只野真葛(ただのまくず)(工藤綾子)です。

彼女の存在は氏家幹人の『江戸の女子力——大奥猛女列伝』で知りました。

その後、真葛関係の本を読みあさり、今までなぜ彼女のことを知らずにいたのか、彼女の名が出てくる曲亭（滝沢）馬琴の『兎園小説』なども かつて読んでいたのに、もっと踏み込んで調べなかった自分の不明が悔しく思われるほど、あらゆる意味で興味深く、しかも「ひとりみ感」ともいうべきものがあるとすれば、そうした感じの強い人なのです。

真葛の「ひとりみ感」……それは一つには、ずばり『独考』という著書を真葛が書いていることからも感じ取れます。

仙台藩の江戸屋敷の医師・工藤平助の長女として江戸日本橋で生まれた真葛には、両親や先祖、自身の江戸での思い出や聞き書きを綴った『むかしばなし』、仙台の話を綴った『奥州ばなし』のほか、「月の大きさは見る人によってなぜ違って見えるか」など〝世にあやしとおもはるゝこと〟を考察した『独考』など多くの著書があります。

こうした著書、ひいては真葛が世に知られるようになったきっかけは、当時、売れっ子だった馬琴に彼女がアプローチした結果なのですが、そこに至るには、苦難の道のりがありました。

それは、結婚です。

『むかしばなし』によると、真葛は十五、六歳になるころ、知り合い二人が「そろそろ縁組みを」と言ってきます。ところが母は、

「可哀想に、そんなに早く片付いて、子持ちになると何もできぬから、もう少し楽をさせたほうがいい」

と言い、父は、

「外へやると、来年から俺は爺様と言われるから、めったなことでは娘を片付けない」

と言って、その話は沙汰止みになりました。

真葛の母にとって、結婚して子を生むことは苦労のタネだったのです。代わりに母は、女中奉公を勧めたので、真葛は十六の年の九月に仙台藩上屋敷の奥に奉公に上がることになります。

ところが、真葛が十八、九歳ばかりになって、いよいよ適齢期に達すると、父は彼女にこう言います。

「そなたも結婚すべき年にはなったが、私の身分もどうなるか分からない。今結婚すれば、さほど高い身分の家へは嫁がせることはできぬ。そなたの嫁ぎ先がさほど良くなければ、妹どもをまぁまぁな所へ嫁がせようとしても、姉の嫁ぎ先が劣っていては具合が悪いだろう。少し年はふけてしまうが、今しばし、世の様の定まるまでご奉公をしてくれないか」

父の身分が安定するまで、結婚はせず、女中奉公を続けてくれないかというのです。父にそのように言われた真葛はその通りにし、彼女のことばによれば、そのまま、

〝縁遠の身〟

となります。

やがて世の中が一変、田沼意次が失脚し、彼に引き立てられていた人は残らず引っ込むこととなり、真葛の父は出世どころではなくなって、真葛も奉公を辞すこととなり、二十七歳の冬、人の紹介で老人と結婚することになります。

〝先は老年と聞が、其方も年も取しこと〟

と父に言われた真葛は、

〝私が好で取た年でもないものをと、涙の落たりし〟

と記しています。

現代人から見ると、二十七で「年を取った」と言われるのも驚きで、「好きで年取ったんじゃない」と涙を流す真葛の気持ちが痛いほど胸に響きます。

家のために〝縁遠の身〟を強いられていた真葛は、一転、今度は、老人との結婚を強いられたのですから、理不尽もここに極まれりです。

一度目の結婚はすぐ破綻

真葛が二十七歳で結婚した相手は、

〝髪は一筋も黒い毛なく、目は赤くくさりたる老人〟

でした。真葛は、

「これがこの世に生まれ出て、固くこの身を守り、一生に一人と頼む人なのか」
と思うと、
〃涙のわき出て物も見えず〃
と記しています。しかも彼が初めて彼女に放ったことばは、
「俺はたかだかあと五年くらいしか生きないだろう。頼むのはあとのことだ」
そう言われるとなおさら悲しく、泣いてばかりいたため、真葛は実家に返されてしまいます。

この時、真葛は思います。

「私の右目の下には大きなほくろがあって、〃涙ぼくろ〃といってよろしくない、取れ取れと人々が言っていたのを、何とも思わずにいたのが、それ以来気になって取ったのに、一生、心に嘆きの絶えぬ生まれつきなので、逃げようがない。子は持たず、年下の兄弟には次々と死に後れ、哀れ極まりない我が身であると、鏡に向かって顔を見ると、哀れっぽくも見えない。それで、この鏡の映った姿を友として、心を慰めることだ」

当時、すでにほくろを取る技術があったのでしょうか。いずれにしても真葛は嘆きの尽きぬ身で、しかし鏡に映る顔は、哀れにも見えない。その〃かげ〃（鏡に映る姿）を〃友として、心をなぐさむ〃とは、哀れなようでいて滑稽で、これほど、ひとりみ感がひしひしと身に迫る姿はないと思うのです。

二度目の結婚では継母になる

実家に戻った真葛は、母の死後、三十五歳で二度目の結婚をします。相手は仙台藩家臣で、江戸番頭の只野伊賀。真葛の『真葛がはら』に収められた「みちのく日記」によると、夫は江戸にいることが多く、真葛は仙台で継子三、四人と暮らしていました。

そして夫がたまに仙台に下ってくる時は、にわかにその準備をするのは〝うれしかりき〟としながらも、その原文に自分で割註を入れ、

「この男だって、故郷でなじんだ人ではないので、完璧に嬉しいということもないけれど、何事も何事も、見知らぬ国に一人でいるので、こんなふうにわけもなく人をも待ってしまうのだった」(〝此の男とても、故郷にて馴れたる人にもあらねば、まほにうれしき事もなけれど、何事も〳〵見知らぬ国にひとりあれば、かくあいなく人をも待たるるなりき〟)

と記している。

江戸で生まれ育った真葛にとって仙台での暮らしは馴れぬものだったのです。なんと正直で、ややこしい人か。この一言で私はすっかり真葛のことが好きになってしまったものです。

七人きょうだいの長女の真葛は子どもあしらいもうまかったのでしょう、継子ともうまくやっていたものの、

「長男図書が十六で江戸に赴き、家の中に語り合う者もなくなると、心中の孤独感がしだいに募るように」（鈴木よね子『只野真葛集』解題）なった上、父に続いて、跡継ぎだった弟も死ぬと、真葛の心に変化が訪れます。実家である「工藤家の犠牲として仙台に嫁いだことの意味が無化されたように感じ、自己の人生の意味を模索し出す」（同前）のです。

かくして、「自己の生涯を振り返りながら、真葛は世に出る決意をする」（同前）四十九歳で『むかしばなし』を書きはじめ、五十代にかけて『真葛がはら』、五十五歳には『独考』を書き、当時、売れっ子だった曲亭（滝沢）馬琴に、作品を見せることにするのでした。

〝悔しくも女に生れたることよ〟

このあたりのいきさつは、真葛の出自や野望、人となりと共に、馬琴の『兎園小説』に細かに書いてあります。『兎園小説』とは、馬琴が友人たちと「兎園会」と称する会を起こし、奇談を持ち寄って回覧した、その会から生まれた奇談雑談集です。その『兎園小説』巻十の「真葛のおうな」と題する小文に真葛のことが書かれているのです。それによると、文政二年（一八一九）二月下旬、仙台の真葛は、当時江戸にいた妹を通じて、馬琴に書き物を託します。自著の出版を馬琴にはからってもらおうと考えたのです。

地方在住者が、江戸の売れっ子著者に、出版への糸口を求めることは当時はあったことで、越後の鈴木牧之（ぼくし）も馬琴や山東京山に本の出版を頼み、晩年『北越雪譜（ほくえつせっぷ）』を出版しています（この三人については拙著『くそじじいとくそばばあの日本史――長生きは成功のもと』に書きましたので、興味のある方は参照して下さい）。

同じように真葛は馬琴に本の出版を頼み、それは真葛の生存中は実現しなかったものの、こんにち、真葛の名が知られているのは、馬琴が先の小文などで真葛の名を広めたからにほかなりません。

〃真葛は才女なり〃

から始まるその記録によると、真葛の先祖は播磨（はりま）の野口の城主であったものの、子孫は零落、真葛の祖父は医業を以て江戸の紀州公に仕えていました。ある時、紀州公に、

「そなたはすでに四十になる。子が三人いると聞くが、なぜ家督を継がせることを願い申さぬ」

と問われた祖父は、

「実にありがたくかたじけないほどの御意をこうむっていることは身に余るほどでございますが、かねがね申しているように先祖は一城の主であったのに、生活のため自分のように〃長袖〃（武士に対し、公家や医師・神主・僧をいう）になったことだけでも残念なのに、子まで親のようにしては先祖に対して面目なく思いますので、不肖私め一代のみお仕え申します

が、子どもはたとえ飢えても武士にしとうございます」

と答えました。心動かされた紀州公は、彼の長男と次男を武士にします。が、三男は仙台侯の藩医工藤氏の養子となった、それが真葛の父でした。

そんな真葛が……しかも長女の彼女が、先祖の栄光を取り戻したい、大きなことをしたい……と大志を抱くのは自然なことです。

真葛は、明和壬辰の大火の折、物価が急騰して、身分の賤しい者はますます窮乏すると伝え聞くと、一人つらつら思って嘆きます。

「商人の心ほど鬼のようなものはない。ああ私が民の父母たる身であれば、こんなにも浅ましい状態にはさせないのに。残念にも女に生まれてしまったよ」（〝あき人の心ばかり鬼々しきものにはある。あはれ民の父母たる身にしあらば、かく浅ましきことはあらせじを、悔しくも女に生れたることよ〟）（「真葛のおうな」）

女に生まれて残念だ……このことばには既視感があります。

平安時代の紫式部です。

彼女は漢籍を習う兄弟のそばで、いち早く覚えてしまう子ども時代の自分を、

「残念なことに、そなたが男の子でなかったのは、まったく幸運に見放されていた」（〝口惜(くちを)しう、男子(をのこご)にて持たらぬこそ幸ひなかりけれ〟）（『紫式部日記』）

と、父が嘆いたと記しています。

紫式部の生きた平安時代は、真葛の時代と比較すると、女の地位は高かったものの、博士だけは男子のみの世襲だったので、こんなふうに父はこぼしたのです。

まして、平安時代よりも女性の地位も低かった、江戸の武家社会に生きた真葛の悔しさは、いかばかりであったか。

馬琴の伝える真葛の嘆きは、紫式部の父の嘆き以上に生真面目で、かつ哀切です。経済のことにまで思いを馳せ、私が男なら政道を正せるのに……と悔しがる真葛は、一方で、今現在、自分が置かれた立場でできる精一杯のことをしようとしていました。彼女は女の身を受け入れ、

「今後、私は必ず女の手本になろうと決意して、ともかく身を慎み、自分を大事にすることはもちろん、女は見た目が肝心だと、魅力的になるようにもつとめた。また、漢文を読みたいと願ったが、父がひどく戒めて、女が博士ぶるのは良くない、草紙だけ見よと言われたので、『源氏物語』『伊勢物語』などを常に枕の友にしつつ、年十六の時、初めて和文というものをわずかばかり綴った」（「真葛のおうな」）

といいます。

兄弟の習う漢文を覚え、その才能を買われて最高権力者・藤原道長の娘・彰子の家庭教師となり、一条天皇の中宮となった彰子に『文選』をレクチャーした紫式部と違い、真葛は漢文を習うことはゆるされなかったのです。

けれど、真葛が十六で書いた文を見た父は、それを国学者の村田春海に見せたところ、賞賛を受け、真葛は〝才女なり〟と認められ、自己表現に目覚めていくのでした。

結婚で「死んだ」身となった

衝撃的なのは、真葛が三十半ば過ぎに、父の願いで只野伊賀と結婚した時の真葛の思いです。

馬琴によれば、真葛はこの結婚を、

「私は三十六歳を最期に死んだと思っているので、憂いもなく恨みもない」（〝われは三十六歳を一期として死したりと思へば、うれひもなくうらみもあらず〟）

と考えていたといいます。

これは馬琴の伝える真葛の言ですが、同じようなことばは真葛の『独考』にもあって、そこでは、

〝三十五才を一期〟

と記されています。

真葛は結婚によって仙台へ下った三十五歳以降の自分を「死んだ身」と諦めたと言っているのです。

江戸で生まれ育った真葛、しかも今回も自身の思いからではない、父の望みによる結婚だったのですから、無理もありません。真葛は『独考』に記しています。

「この地に下ったことは、父平助が、娘を五人持っていて、一人を御家中（仙台藩の人）に縁づけたいと願っていたが、自分がいくと言い出す者はなく、聞かないふりをして、それぞれ縁づいてしまった。この真葛がこの地に下らなければ、父の願いが空しくなるだろう。そう思って、私欲を捨てて下ったのだった」

つまりは父のため、家のためでした。

ただ馬琴の伝えるものと真葛の主張はいささかニュアンスが違っています。真葛によれば、三十五歳を最期に死んだ身と思うからこそ、

「どれほどの人に非難されようと憎まれようとこの身は痛くもない。また、この本を憎み非難するほどの人は恐るるに足りない」（〝いかばかりの人のそしり、にくみを得るとも、身にいたからず。又、この本をにくみそしるほどの人は、恐るゝにたらず〟）

といい、自著に対して誰が何と言おうともくじけぬという、開き直りにも似た、前向きな気持ちにつながっています。

さらに跡継ぎたる弟も死に、亡き父の思いもあるから、

「自分が彼らの志を継がなければ、空しく朽ち果てるわけにはいかないと、この書を記し置くのだ」（〝我こゝろざしをつがずば、空しく朽やはつべきと、此書をあやなし置つるなり〟）

と言っている。

自分はいったん死んだ身だから、人に憎まれそしられようと言いたいことを言う、死んだ弟や父の名を継ぐためにも……と、すべては「本を出したい」という強い思いにつながっているのです。

真葛の〝独考〟

人に憎みそしられようと怖くない……そんな前提をもうけた『独考』とは、どれほど過激な内容の書だったのでしょう。

馬琴は『兎園小説』で〝禁忌に触るゝこと多かり〟と評しているものの、今見ると当たり前にしか思えぬ内容です。

たとえば、父やその周囲の人たちを通じてロシアのことを聞いていた真葛は、ロシアの国の決まりには〝うらやましく〟思われることがあるとして、結婚の仕組みを紹介します。

「大人になって子を生んだり結婚をする年齢になると、縁づけようと思う男女を寺に連れて行き、まず男を方丈のもとに呼んで、『あそこにいる女をあなたは一生連れ添う妻と定めるか、ほかに好きな女はいるか』と尋ねる。男の答えを聞いて許諾を決めて、今度は女を呼んで同じように尋ねて気持ちを確かめ、男女が同じ気持ちであれば夫婦にする」

当時の日本にありがちな、親戚や知人が世話をして決めてしまうというやり方でなく、互いに顔を見せてから決めるという、今なら当たり前のロシアのやり方が羨ましいというのです。

「売買の利益で家賃を払い、妻子を養うことは簡単なことではない。こうもつらい思いで世を渡る町人の目から見れば、居ながらにして知行を領する武家は、羨ましく、かつ憎しみが湧くために、追い討つ気持ちも生じるのだろう」

と、政治批判のようなくだりもあります。

「町家の女子は君子を仇敵のように思い、奴(やっこ)や雲助といった小人は雇われる代金で命をつなぎながら、雇い主を侮ることといったら甚だしい。これはなぜか」

と始まって、学者が書物に寄りかかっているだけではいけない、と、学者を批判し、かつ激励するくだりも。

女がこれほど踏み込んだ政治批判をするのは、当時としては確かに希有のことでしょう。こんなふうなので、馬琴は真葛を才女と認めながらも、真葛の著書を版元につなげることに二の足を踏みます。それどころか、真葛に著書の出版をせっつかれると、『独考論』と題する長々とした批判を書くのです。

真葛の「ひとりみ感」

馬琴によれば、真葛の文章を出版向けに直すことは容易ではなく、もしその悪いところを削除すると残ることばは少なくなってしまう、これはこのままにして、別に諭すに越したことはないと考え、同書を批判する『独考論』二巻を記したといいます。そして、たとえ白髪が生える年ごろであっても男女の交わりは「人が咎めるでしょう」と言い、また仕事の忙しさなどを理由に絶交を申し渡し、二人の交情は途絶えてしまうのです。

このようにして、馬琴に近づいた真葛の目的は挫折したかに見えました。

ところが、馬琴は、自分から真葛との交流を絶ったにもかかわらず、

〝いとかなしともかなしかりし〟

〝なみだは胸にみちしほのふかきなげきとなりにたり〟

と、会ったこともない真葛のことを思い、何とかして彼女の草紙を世に出したいとは思いながらも、暇のないまま過ごした、と記します（「真葛のおうな」）。

やがて真葛が文政七年に亡くなったことを知ると、

「自分が人の師とならなかったのは、柳宗元に倣うというわけではないが、もとより思うところがあるからだ」

と書きつつ、

「だが、この真葛婦人だけは」（〝さるを只この真葛の刀自のみ〟）

と続けます。

「婦女子にはとても似つかわしくない経済のことを論じていたのは、紫式部、清少納言にも

優る」（〝婦女子にはいとにげなき経済のうへを論ぜしは、紫女、清氏にも立ちまさりて〟）「こんな、世にも稀な婦人であるのを、兎園会の社友には知らせようと思い、とても言いにくいことですら包まず記した次第である」（〝かゝる世の稀なる刀自なるを、兎園社友にしらせんとて、いといひがたきことをすら、おしもつゝまでしるすになん〟）（同前）

と、絞り出すように哀悼の意を表するのでした。

馬琴の記した真葛像は悲壮感が強調されているきらいはあるものの、真葛がひとりみでいたことも、また二度の結婚も、共に敬愛する父の命に従ったことで、自ら選んだことではなかったことは事実です。

真葛は長女として、没落した家の再興や、家名をせめて文書でなりとも後世に残すことへの責任感を過剰なまでに感じていました。『むかしばなし』で彼女は、

「ああ私に御宮仕えのご縁があれば、身を八つ裂きに裂かれても、工藤平助という一家の名だけは残せるものをと、天に祈り地に伏して願いを止める時はない」

と悲壮な決意を見せています。

これは、「没落した家の長子あるある」で、それだけ父祖に「我が家の先祖はエラかった」と洗脳されていたのでしょう。

今一つ言えることは、そんなふうに「家」を背負いながら、そして二度も結婚しながらも、

真葛には強烈な「ひとりみ感」が漂っていることです。

まず彼女にはいつも「ひとり」という感覚がつきまとっていました。

女中奉公に出れば、同僚と折り合いが悪く、真葛が無駄骨を折るように仕向けられる。しかし真葛はそれを〝独りづとめ〟と思えば恨めしくない（『独考』）といい、さらに自分と似た人はない、〝我にひとしき人なき世〟という表現もしています（『むかしばなし』）。

結婚のため下った仙台では〝見知らぬ国にひとりあれば〟（『真葛がはら』）という思いでいた。

あげく、五十五歳で書いた本のタイトルはその名も『独考』……。

頼みの馬琴には、その死後、当時の日本にはまれな才女であったことを表彰されたとはいえ、絶縁される形となった生前には、どれほどの悲しみと孤独を感じたことでしょう。

こんなに「ひとり」を自覚しつつ、才能と野心を持ちながら、女であるために挫（くじ）かれた悔しさ、家名を残したいのに残せぬ悔しさに悶えた江戸女も珍しいのではないか。

自らを〝縁遠の身〟と称し、女中奉公でも結婚でも孤独感をつのらせていた真葛……。

もしも彼女が、才女に活躍の場が与えられていた平安時代に生まれていたら……せめて明治・大正に生まれていたら……と思うと、「時代」を呪わずにいられないものの……。

時代や家族に縛られながら、心はそこにとらわれず、ひとりで思考を巡らした末、未来を先取りするかのような考えに至った真葛という女がいた。その事実は、なんだか、人のエネルギーというものに希望を感じさせてくれもするのです。

ちなみに真葛の残した作品は子孫に伝えられるなどして残り、『只野真葛集』（高田衛・原道生責任編集、鈴木よね子校訂）である程度読むことができます。興味のある方はぜひ手に取ってみることをお勧めします。

第九章

ケチゆえにひとりみ
――「食わず女房」を求めた男

「美食は浪費のもと」という信念の金持ち

只野真葛の『むかしばなし』に、美食ほど浪費はないと考え、木で魚を作って味噌をつけて焼き、味噌だけ食い続けて金持ちになった喜太夫という男の話があります。

それだけならいいのですが、金持ちになったのち、喜太夫は妻子を持つものの、家の者にも、

「我々ていどの身代で〝味よき物〟食うべからず」

と魚類を食わせなかった。彼の留守中、鯛をもらった家人が喜んで鯛を焼いて食おうとしていたところに喜太夫が帰宅、

「たとえもらいものでもこういうものは食わぬがよい」

と言って隣へ垣越しに投げてしまうほどの徹底ぶり。

それを隣人が、

「鯛を拾うとはめでたい」

と喜び、人を集めて酒宴を張ると、喜太夫は、

「あれあのばかどもを見よ。鯛を一枚拾ったからといって酒を買い、酢や醤油を費やし、人を集め、飯をも浪費している。うまいものを食うことは無益であると、これで知るべきだ」

と言って、家内の人に示したといいます。

「こんな性格の人もいるのだった」（〃かゝる心の人も有けり〃）

と真葛は締めくくりますが、本人は好きで節約しているのだからともかく、それにつき合わされる妻子が気の毒でなりません。

文脈からして、喜太夫が結婚したのは金持ちになったあとです。まさか妻もこんな男とは思っていなかったのではないでしょうか。

金は惜しいが妻はほしい

ところが昔話には、この喜太夫よりもっとケチな男がいて、さらにそれと承知で嫁になる女の話があります。

「食わず女房」です。

以下、『日本昔話ハンドブック新版』（稲田浩二・稲田和子編）を参考にあらすじを説明す

ると……。

欲深い男が、ものを食わぬ女を妻に求めていると、ある夜、望み通りの女が現れ、結婚する。が、米が異常に減ることに気づき、出かけたふりをして中をうかがうと、女は髪の中に隠していた頭の口で釜いっぱいの米を食べていた。それで男が離縁しようとしたところ、女は化け物の正体を現すが、男は九死に一生を得る。同書の「背景と解説」によると、女の正体は「蛇女房型」と「くも女房型」に分かれている、というものです。

この話は全土で伝承され、いろんなバージョンはあっても「結末に男が女に勝利することは共通している」「金は惜しいが美女を得たいという、あらぬ願望を男の視点から語った物語になっている」（稲田氏等編前掲書）といいます。

ものを食べない女房がほしい……とは、本当に図々しいですよね。

ケチなのに、妻はほしいというのですから。

ただ、これ、平安時代のように妻方が経済を担う婿取り婚の時代には成立しない話ですから、起源はわりあい新しいのかもしれません。

「食わず女房」は、ムシのいい願いは抱くべきではない、ものを食べない女など存在しないのだ、とケチな男を懲らしめるためにできた話ではないでしょうか。

ちなみに、口以外のところに口があるというので有名なのは、陰部に歯が生えていて、セックスしようとする相手の男根を噛み切るという女の話で、これは昔読んだアイヌかギリヤークの民話で知ったのですが、はっきりとした題名は失念しました。

陰部に歯のある女性については、その名も「陰部に歯のある女性の伝承——サハリンの伝承を中心に——」(阪口諒　エフゲーニー・ウジーニン)という論文があり、ネットでも閲覧できます(『千葉大学 ユーラシア言語文化論集』20(2018)(https://opac.ll.chiba-u.jp/da/curator/105928/S21857148-20-P169-SAK.pdf 169-201ページ)。

いずれにしても、男に対するなんらかの教訓が含まれているのと、女全体への恐怖のようなものが感じられます。

第十章

幕末にはなぜ少子化が進み、ひとりみが増えたのか——実は「子沢山」を嫌っていた江戸人

少子社会だった近世後期

前近代といえば、おじいさんとおばあさんがいて、夫婦がいて、子どもたちがいるという三世帯家族に子沢山というイメージがある人は多いのではないでしょうか。

しかし実は、中世までは民衆は核家族が主流で（西谷正浩『中世は核家族だったのか——民衆の暮らしと生き方』）、しかも家庭を持つことができたのは一部の特権階級でした。「だれもが生涯に一度は結婚するのが当たり前という生涯独身率の低い『皆婚社会』が成立」するのは十六・十七世紀になってから（鬼頭宏『人口から読む日本の歴史』）だったのです（↓「はじめに」）。

興味深いのは、社会が安定期に入り、皆婚社会が実現したといわれる江戸時代でも、一般

家庭は決して「子沢山」ではなかったことです。

鬼頭氏によれば、

「あまり響きはよくないが『貧乏人の子沢山』というのがある。いかにもありそうなことのように思われるが、江戸時代にはその反対の現象が一般的だった。農村では、土地を多く保有する家族ほど完結家族の出生数は多かったのである」（前掲書）

といいます。

「たとえば武蔵国甲山村では、保有石高五石を境にして、上層四・三人、下層三・六人」（同前）

という具合で、貧しい家のほうが子は少なめでした。

それでも現代と比べれば多いのですが、これに変化が訪れるのが近世後期から幕末にかけてです。

太田素子によれば、仙台藩の儒者の蘆東山（あしとうざん）は、

「一八世紀初頭までは五、六人から七、八人育てていた、しかし一八世紀後半当時、余裕のある階層で三、四人、民衆は一、二人とみている」（『子宝と子返し――近世農村の家族生活と子育て』）

といい、奥会津の鴇巣村（とうのす）という農村の十八世紀前半の世帯平均子ども数も、一七一四年が一・二六人、一七四八年が一・二五人であったといいます。

現代人から見ても衝撃的な少なさですが、

「一世帯当たりの平均子ども数が一・二人前後という数値は近世後期の村落よりは少し多い」というのが当時の実態でした。

背景には貧しさや、家事労働の大変さなどによる「子返し」（間引き、子殺し）があると思われるのですが、太田氏は、

「近世後期から幕末に至る時期の出生率の低下、少子化の要因をどのように理解するかは、現代の少子化現象の解釈とも関わって歴史家の関心を集めている。しかし現代の少子化現象が多面的な要因をもつように、近世のそれも歴史家の視点の違いや地域および時期的な局面の違いによって異なった側面を現す複合的な現象である」

と指摘していて、その要因は一言で表せるものではないようです。

「一八世紀末－一九世紀初めの文書で、子どもの数を一人から二人に限定したいという文言に出会うことは珍しくない」

「一般には子沢山が嫌われていた」

ともいい、「子返し」が「不況」によって増えたらしいといいます。

さらに幕末の下総国（しもうさ）の国学者、宮負定雄は、著書の『民家要術』で、

「子どもの多きは身上の為にあらざるなりと心得違いをして、貧乏人は勿論の事、富貴の人さえも、子どもを産み落とすと、そのまま踏み殺し、或はつまみ殺し、または産まぬ先に飲み薬、さし薬などを用いて、人種子を潰す者の多くなりて、甚だなげかわしき事」（太田氏

前掲書)

とも言っていて、幕末当時、子沢山が〝身上〟(経済、暮らし)のためにならぬというので、貧富を問わず、子殺しという手段を選択する人が増えていたことが分かります。

ちなみにこの『民家要術』の原文に当たってみると、老人も欲ばかり深くなって、姑は孫の世話や厄介を嫌い、嫁が妊娠するとそれを難儀のように思って、

〝孫は一人か二人あれば多くは不用ものじや〟

などと独り言して間引きの手引きをする。こうした姑によるプレッシャーで嫁も渋々間引きするものの、お産で衰弱しているため、とどめを刺せない。それを姑は、

〝ヤレ〳〵役に立たぬ婦じや、ヤレ〳〵己が抓み殺してやらう〟

と言って自分の孫を殺してしまったりする(小野武夫編『近世地方経済史料』第五巻所収)。

間引きの方法が姑から伝授されていたとは驚きですが、それを著者の宮負は、

〝罪とも罪とも(ママ)言はむ方なし〟

と非難し、

〝其家の主として男たる者が其状を安閑と見過し、教諭して禁止する心なきは鼻たらしの阿房者なり〟

と、家長である男がこうした現状を受け入れているのもバカとしか言いようがない、と憤っています。

また、大国を治める名君たる者は〝子間引〟が行われることを禁じるべきで、子を多く育てる者には〝子育金〟を支給するなどしてその功績を賞美し、国が廃れぬように人を殖やして武備が堅固になるようにするべきだ、とも主張しています。

日本は平安時代のような母系的社会であっても、江戸時代のような父系的社会であっても、祖母の発言力の強い「祖母系社会である」というのが、拙著『女嫌いの平家物語』以来の私の考えですが、江戸後期の祖母は文字通り、孫の生殺与奪を握っていたわけです。

また、江戸時代に記された『民家要術』の中に、近代の富国強兵の思想や、現代に通じる子育て支援の発想がすでに表れているのも興味深いものがあります(ちなみに三つ子などの多産児に対する援助は古代にもあって『続日本紀』に記録されています)。

「ひとりみ」も急増

経済的理由や、効率良く家を存続させるため、近世後期から幕末にかけての人々のあいだでは、子沢山が嫌われていたようですが、太田氏によれば、近世後期から幕末に至る時期には、晩婚化と単身者の増大が進んでもいました。

播磨国の日飼村の宗門人別改帳によると、一八二六年から一八四〇年までの平均結婚年齢は、男性二十九・九歳、女性二十四・四歳。

太田氏の作成した表を見ると、とくに男性の婚姻率が低く、三十代後半でやっと過半数を超え、最高でも四十代前半の七〇%でした（太田氏前掲書）。

都会になると男性の婚姻率はさらに低く、慶応年間の江戸五ヵ町の有配偶率は、男子（十六～六十歳）が五〇%、女子（二十一～四十歳）が五九%（鬼頭氏前掲書より南和男『幕末江戸社会の研究』の孫引き）と、男性の半数が独身だったのです。

「はじめに」で、現代日本では、一般世帯のうち、世帯人員が一人の単身世帯（単独世帯）が三八・一%（二〇二〇年度）と、急増していることを紹介しましたが、近世後期から幕末にかけても、現代と似たような現象が起きていたのです。

その要因には「晩婚化」ということがあるのですが、幕末の晩婚化について、「社会史的要因をどう理解するかについては、また別の質的な史料が必要」（太田氏前掲書）とのこと。

この問題に関して素人の私が何か言える立場にはないのですが、勝手に想像すると、貧困や、生活の向上を望むがゆえに、子沢山による子育てで多忙になることを嫌う気持ちのほか、当時の人の心の中で「将来への不安」が非常に増大していたのではないか。

私自身を振り返ってみても、狭い東京の住宅事情に加え、日本経済の先行きがどうなるか分からぬ状態では、子どもは一人が限度だと思い、実際そんなふうになりました。さらに働きながらの核家族での子育ては想像以上に大変で、とても二人目を持とうというような気持ちになれなかったものです。

近世後期から幕末に至る時期の人たちも、飢饉や経済不安、幕府崩壊の足音や開国の気運、政府のふがいなさといったものに、将来への不安がずんずん増大していたのではないか。

人々の不安感を反映してか、「おかげ参り」と呼ばれる伊勢神宮への集団参詣の流行が一七七一年の約二百万人から、一八三〇年の流行では約五百万人と史上最大規模となっています。一七八二年からは天明の飢饉、一八三三年からは天保の飢饉、一八五三年ペリー来航、一八五五年安政の大地震、一八六七年には全国的な「ええじゃないか」の歌舞大流行に大政奉還、そして一八六八年の明治への改元……。

江戸開幕以来の大転換期にあって、貨幣価値も道徳観も大転換へ向けて疾走していた当時、人々はこの世の終わりさえ連想したのではないでしょうか。

晩婚やひとりみを選んだ当時の人の中には、こうした社会状況による「将来への不安」が広がっていたのではないか。そんなふうに想像してしまいます。

第十一章

人気商売ゆえにひとりみ

普通に結婚していた前近代の芸能人

「ひとりみ」といえば、私が子ども時代のアイドルはなかなか結婚しないものでした。十年ほど前にも、一部のアイドルには「恋愛禁止」という決まりがあったようで、それを破ったからと、坊主頭になった女性アイドルがいました。

アイドルは不特定多数の「恋人」であるべきだという考え方ゆえに、特定の人との恋愛や結婚はすべきではない、人気が落ちるというわけで、そんな事態になるのでしょう。

が、こうした人気商売ゆえの「ひとりみ」というのは、前近代には意外と見当たりません。

平安末期、男装して歌舞を演じた白拍子（しらびょうし）は、貴人の愛人や妾になったもので、有名な静御前は源義経の〝妾〟でしたし（『吾妻鏡』文治元年十一月十七日条、二年三月一日条、五月十四日条など）、後鳥羽院の寵愛する亀菊という〝舞女（ぶぢょ）〟（白拍子）の所領問題に端を発したのが承久の乱でした（『承久記』上）。

室町時代の将軍足利義満が、猿楽能を演じる世阿弥を寵愛したのも有名な話です。

江戸時代の歌舞伎役者に至っては、昼は舞台に立つ一方、その多くが夜は客を取っていた（『男色大鑑』巻五）こともよく知られています。もちろん役者も妻を持ち、跡継ぎを作ることも大事なつとめでした。

前近代のアイドルは、性に関しては比較的自由であったようにも、一見すると感じられます。

しかし、白拍子や猿楽師が貴人の愛人になったり、人気の歌舞伎役者が有力者と枕を重ねたりするのは、芸能界でもたびたび噂されるスポンサーの有力者と寝る「枕営業」（という言い方は私は嫌いで、仕事をちらつかせることで性を提供するしか選択肢がないと相手に思わせてしまうのは、「パワハラ」「セクハラ」以外の何物でもないと考えます。芸能人が主体的に体を使って「営業」していたかのような言い方は問題があると思うのです）のようなものととらえることもできるかもしれません。

だとしても、前近代のアイドルが私的に恋人を持っていたことには変わりなく、彼らが恋や結婚を制限されていたという記録は、なかなか見つけられないのです。

自ら女色・男色を断つ誓いを立てた役者

が、人や世間や事務所的な組織に強要されるのではなく、自ら色恋を断つ誓いを立てた役者ならいます。

武井協三によると、初代市川団十郎が三十代の時、役者としての成功を願って神仏に祈誓をかけて彼が書いた「願文」が残っているそうです。そこには高い給料のとれる役者になること、親の長命と家族の健康、息子の九蔵(くぞう)が一人前の役者に育つことなどの願いが記されている。そして、

「三十歳の時から二年間は、毎朝冷水を浴び、酒を飲まず、女色の交わり、そして男色の交わりも絶って、願文の成就を願っている」(『江戸歌舞伎と女たち』)

といいます。

団十郎にはすでに息子がいますから、そもそも既婚なわけですが、女色はもちろん、男色をも断つと誓っているのです。

ただしこれは、茶や酒といった「好物」を断つという犠牲を払うことで願いを神仏に聞き入れてもらおうとする方法と似て、神仏の前で身を清めるという意味も含め、ファンサービスのためにしているわけではなさそうです。

ただ、さらに考えてみると、阿国(おくに)歌舞伎もそうなのですが、前近代の芸能には「性的官能」を含めての芸といった趣があるのではないか。

当初の歌舞伎は非常に性的なものであったらしく、その後、女歌舞伎や若衆(わかしゅ)歌舞伎が、風

紀を乱すというので禁止され、最終的には、前髪を剃った野郎歌舞伎になったという経緯がありました。それでも色を売ることはやまなかったわけですが、同じように、猿楽能や白拍子といった芸能にも、官能的な要素があって、その延長線上に有力者の愛人になるということがあったと私は考えます。

翻って、今の芸能人が万人の恋人たるべく恋愛や結婚を禁じられることがあるのも、根は同じこと。官能的な存在だからです。

そう考えると、人気商売ゆえに「ひとりみ」というのも、性的な存在だからこそとも言えるのですが……。

一つ、アイドルを神聖視しているがゆえに、現代人は「ひとりみ」を強いがちということがあるのではないか。

「神聖化されたひとりみ」というと、前近代では卑弥呼あたりが心に浮かびます。けれど卑弥呼は人気商売かというと違うし、芸能人とは逆に姿を隠していたと伝えられる。神秘性を高めていたわけです。

アイドルも私生活を見せないという点では似たようなもので、「私生活」を有りとするか無しとするかで、アイドルの恋愛に対する我々の態度が違ってくるのかもしれない。つまり、アイドルを我々と同じ人間と考えれば、恋も結婚も当たり前なわけで、前近代の芸能人はその意味で神聖視はされていなかったわけです。前近代には、さまざまな神や仏といった神聖視すべき存在がたくさんありましたから、同じ人間である芸能人を神聖視する必要はなかったのでしょう。

猿楽能の源流は神楽であると世阿弥は言っていますが（『風姿花伝』）、芸能人は神を喜ばせるために芸能を見せこそすれ、自身が神となることはなかったわけです。

現代のアイドルが恋愛禁止などという目にあってしまうのは、彼らを人間視していない、神聖視してしまっているという点で、神無き時代の副作用と言えるのかもしれません。

第十二章

性的マイノリティゆえにひとりみ

男色好きをカミングアウトした芭蕉

同性婚が認められる国が増えています。

日本でもそうした動きは出ているものの、制度的にはまだ認められず、事実婚状態であっても戸籍上は「ひとりみ」ということになるのが現状です。

同じように、前近代にも、性的マイノリティゆえにひとりみであったのでは……と推測される歴史上の人物たちがいます。

俳諧で名高い松尾芭蕉もその一人で、『貝おほひ』(一六七二)で、

〝われもむかしは衆道(しゅだう)ずき〟

と、男色好き、少年好きであったことをカミングアウトしている彼は、生涯独身でした。

とりわけ門人の杜国(とこく)とは男色関係にあったともいわれており、元禄四年(一六九一)四月

十八日から五月四日まで、門下である去来の別荘・落柿舎で綴った日記『嵯峨日記』(一七五三)の四月廿八日の項には、亡き杜国を思って慟哭したことが綴られています。曰く、

〝夢に杜国が事をいひ出して、涕泣して覚ム〟

とあり、夢で亡き杜国のことを言い出して、泣いているうちに目が覚めた、と。そして、「私の夢は聖人君子の夢ではなく、終日、杜国を思い妄想するがゆえに夢を見た、いわゆる〝念夢〟である。杜国は自分を慕って伊賀の故郷までやって来て、夜は同じ床で起き臥し、行脚の労をいたわり合い、百日の旅行中、影のように離れなかった。ある時は戯れ、ある時は悲しみ、その志が私の心中に深くしみ込んで、忘れることがないから夢に見たのだ。目が覚めてまた涙で袂をしぼる」(〝我夢ハ聖人君子の夢にあらず。終日妄想散乱の気、夜陰夢又しかり。誠に此ものを夢見ること所謂念夢也。我に志深く伊陽旧里迄したひ来りて、夜ハ床を同じう起臥、行脚の労をともにたすけて、百日が程かげのごとくにともなふ。ある時はたはぶれ、ある時は悲しび、其志我心裏に染て、忘るゝ事なければなるべし。覚て又袂をしぼる〟)

と、杜国への深い思いを述べています。

芭蕉はまた、『笈の小文』(一七〇九)で、吉野へ花見に行く際、杜国と伊勢で落ち合うと、杜国が自分のために〝童子〟となって、道中の手助けになろうと、自ら〝万菊丸〟と称して旅をしたといいます。

旅は一六八七年で、当時杜国は三十歳前後。〝童子〟と称する年ではありません。〝童子〟とはしかし、単なる子どもとは別の意味があって、寺で召し使われる稚児のことなどをも指し、この稚児は僧侶の男色相手となるのがお決まりでした。さらに〝万菊丸〟という名も男色を想起させます。肛門を別名「菊座」といい、肛門性交を行う男色の通称ともなっていたからです。

杜国は元禄三年（一六九〇）三月、三十代で死んでしまったので、『嵯峨日記』の慟哭があるのです。

そんな芭蕉は生涯独身で、杜国への思いを綴った『嵯峨日記』の四月廿二日の項には、

〝独住ほどおもしろきハなし〟

と独り住み（独居、独身）を讃えています。

芭蕉は「ひとりみ」の良き理解者であり、提唱者でもあったのです。

男娼の店のガイドブックも出していた平賀源内

さてここで江戸時代の男色について説明しますと、当時の男色というのは今のBLはもちろん、男性同性愛とも違います。

平安時代から江戸時代の男色というのは、僧侶と童子（稚児）、大貴族と中・下流貴族、

権力者と芸能人、買い手（パトロン）と売り手……といった具合に、身分や地位、年齢・体格などの「力関係」の上に成り立っていました。

対等の男同士が愛し合うという現代人が想像しがちな男性同性愛は、前近代の文学や歴史書を見る限り、男色の中のごくごくひと握りに過ぎなかったのです。

そもそも男色ということば自体が、女色に対することばで、男性本位のものでした。男と男が寝るのが男色、男と女が寝るのが女色で、軸足はあくまで男側にあります。

BLが女目線であるのに対し、男色は男目線なのです。

平安時代、仏教界で、女犯は罪となるものの、男ならいいだろうと、稚児を性の対象としたり、平安後期の貴族社会で、結束を強め派閥を固めるために、大貴族と中・下流貴族が男色によって結びつくということがありました。こうした潮流は武家の上流社会にも受け継がれていき、戦国時代や江戸時代になると、庶民にも男色が降りてきます。戦国時代の笑い話集『醒睡笑』（江戸時代初期）には〝若道しらず〟という項目が立てられ、若道（若衆道）のことを知らない人たちを笑いものにした話が七話収められています。

「ここでは男色が常態で、若道知らずは物知らずの扱いを受けている」（鈴木棠三校注『醒睡笑』下）

のです。

江戸時代、太平の世になると、

〝色道ふたつ〟（井原西鶴『好色一代男』巻一）

といわれ、女色・男色の二道をたしなんでこそ、好色という考え方が浮上します。

西鶴の『好色一代男』（一六八二）では、主人公の世之介が、

〝五十四歳までたはぶれし女三千七百四十二人、少人のもてあそび七百二十五人〟（巻一）

という設定で、『男色大鑑』では、この世には女色、男色の二つがあるけれど、

〝男色ほど美なるもてあそびはなき〟（巻一）

と男色を持ち上げている。

女色・男色の優劣を論じながら、無理やり相手をさせられる若衆などの苦労を描く『田夫物語』なども出てきます。

このように、江戸時代の男色は今でいうバイセクシャルが基本で、先の芭蕉にしても、独身を貫きながら、寿貞という内妻がいたと伝えられています（阿部喜三男『松尾芭蕉』、市川通雄『松尾芭蕉研究』など）。

一方、エレキテルの再現で有名な平賀源内は女色抜きの男色オンリー、今でいう男性同性愛者でした。

そして芭蕉同様、生涯独身でしたが、源内の家には、彼に誘われて秋田から上京し、『解体新書』の扉絵を描いた小田野直武など、男たちが同居していました。

同時代の大田南畝によれば、

「源内は吉原のことは不案内であるが、『茅町及び南方』（『仮名世説』）のような若衆の町は詳しいとしている」（城福勇『平賀源内』）といい、『江戸男色細見』（菊乃園、一七六四）という男娼の店のガイドブックも出していました。

そんなふうに男色が珍しい趣味ではなかった江戸時代にあっても、女色をたしなまぬ男色家は少数派であり、源内はその少数派に属するわけですが、彼は最後は殺人事件を起こして獄死してしまいます。

城福勇の『平賀源内』によれば、いきさつは諸説あって確かなことは分かりません。が、この事件も、男色絡みという説もあります。

詳細は拙著『ヤバいBL日本史』に記したので、ここでは繰り返しませんが、結論から言うと真相は藪の中です。

確かなことは、かの有名な源内さんも「ひとりみ」だったということです。

ひとりみ武将？　上杉謙信

政略結婚によって勢力を拡大していた戦国時代、結婚は大事な戦略でした。

にもかかわらず、ひとりみだったのが上杉謙信です。

理由は諸説ありますが、男色家だったからという説もあります。

もっとも戦国武将に男色家はとても多く、織田信長、武田信玄、佐竹義重、伊達政宗、島津義久……名高い戦国武将は皆、男色家です。

こうした武将たちには妻子もいましたから、男色家だからといって独身とは限りません。ただし、謙信は源内と同じく、今でいう男性同性愛者だったのかも……と思うのですが、「謙信が男色を嗜んだとする史料は見出せず」「男色好きと語られがちな人物像は、実は史料的な根拠に乏しく、印象論によるところが大きい」（乃至政彦『戦国武将と男色――知られざる「武家衆道」の盛衰史』）といいます。

しかも謙信に妻がいたという説もあるのです。

山田邦明によると、高野山清浄心院にある『越後過去名簿』には、謙信の妻かもしれない「越後府中御新造」とされる人物が記載されているといい、謙信（長尾景虎）が三十歳ほどの時には妻がいた可能性が高いそうです（『人物叢書　上杉謙信』）。

とはいえ側室もいないのは不思議で、「毘沙門天などの仏道への過度ののめり込みのため」（桐野作人「上杉家の相続問題」……新・歴史群像シリーズ16『上杉謙信――越後の龍、戦国に飛翔す』）ひとりみでいたというあたりが真相かもしれません。

考えてみれば、すべての人間が女色か男色をたしなんでいると考えるのも妙な話で、中には誰ともセックスをしない、したくない人がいるでしょう。

謙信は、道心あつい、世にもまれなストイックな人だったのかもしれません。

弥次さん喜多さんに見る、江戸のひとりみ男のリアル

ここまでは実在の人物ですが、物語の中にも、男色とひとりみが結びついていた登場人物はいます。

『東海道中膝栗毛』のコンビ、弥次さん喜多さんです。

「発端」（一八一四）によれば、金持ちの商人だった弥次さんが、役者の喜多さんに入れあげ……つまりは男色関係になって駆け落ちしたあげく、弥次さんは生活のため屋敷奉公の年上妻を持ち、喜多さんも奉公先の女中を妊娠させるというふうに、二人とも男色をたしなみながら妻帯もしているという、女色・男色の二道を地で行く江戸時代らしい設定です。

が、実は、この「発端」は、物語が人気になってから描かれたプレストーリーです。

最初に綴られた「初編」（一八〇二序）によれば神田の八丁堀に〝独住(ひとりずみ)〟の弥次さんと、〝食客(いそうろう)〟（居候）の喜多さんが、伊勢参宮するという設定でした。

つまりは独身男二人の珍道中の物語であって、当初の設定では、とくに二人が男色関係にあったとは描かれていません。

ここで注目したいのは〝独住〟〝食客〟ということばです。

見てきたように、近世後期から幕末にかけての都市部の男性の結婚率はとても低いもので（→第十章）、これはそうした読者層に向けて作られた設定だったのかもしれません。

つまり、弥次さん喜多さんに限っては、性的マイノリティではなく、むしろ性的マジョリ

ティに近かった。

男色・女色の両方たしなむというのが、当時のマジョリティとまでは断言できませんが、多くの人々に受け入れやすい設定だったことは確かでしょう。しかも彼らは、とくに都会に多い男の「ひとりみ」です。

今でいう男性同性愛者であるがゆえに「ひとりみ」だった実在の人物たちと異なり、男色関係で結ばれてはいるけれど、女色もたしなむ「ひとりみ」同士であるという、架空の弥次さん喜多さんのほうが、当時の人々にとってはリアルな「ひとりみ」だったのではないでしょうか。

第十三章

犯罪とひとりみ

「結婚させない」という虐待

歴史上、また文学上、さまざまな理由でひとりみでいる人々を見てきました。結果、自らひとりみを選ぶよりは、経済的な理由や、身分柄、職業柄、ひとりみを強いられる人々が少なくないことが分かりました。

そもそも結婚は多くの時代において、親のコントロール下に置かれていたことが多く、本人の意志で決められないといういきさつもあったのです。

そんな中、平安時代の継子いじめの物語である『落窪（おちくぼ）物語』には、「ひとりみ」的には衝撃的な描写が出てきます。

継子であるヒロインのもとに男が通っているのを知った継母が、

〝「男あはせじ」としつるものを、いと口惜しきわざかな〟（巻之一）

つまり、

「結婚させまいと思っていたのに、実に残念なことだ」

と考えているのです。継母は、

「男ができれば、こうして屋敷にいられまい。男はあいつを自分のもとに迎えてしまうだろう。あいつがいないと大変だ。私の大事な子どもたちの〝使ひ人〟（使用人）と決めていたのに」

と思います。

それまで継母は、ヒロインに〝落窪の君〟という屈辱的な名をつけて使用人にもそのように呼ばせ、召し使う老女までもが参加する物見遊山にも連れて行かず、寒い日もろくに着る物も着せず、ひどい下着のまま過ごさせて、実の娘のもとに通って来る婿たちの縫い物をさせていました。

また、この時代の貴族は、とくに新婚家庭では、夫が妻方に通い、妻方で夫の世話をするのが基本ですが、このヒロインのように実母を亡くした、肩身の狭い身の上では、実家で世話をしてくれる人もいないため、男（夫）のもとに迎えられることになります。

継母は、ヒロインの婿の世話をする気がないばかりか、ヒロインが男に迎えられることさえ認めたくない。このままずっと結婚もさせず、娘たちの使用人としてこき使い続けるつもりだったのです。

十六・十七世紀に皆婚社会となるまでは、結婚は特権階級だけができるものと繰り返してきました。ヒロインは中納言の娘という特権階級の娘です。にもかかわらず、継母は彼女を「結婚させない」ことによって、家に縛りつけ、使用人としてこき使うという虐待を続けようとしていたわけです。

ひとりみ老人にヒロインを襲わせようとする継母

それればかりではありません。

ヒロインのもとに通う男が見るからにただ者ではない、実の娘に通う婿にもまさる貴公子であると分かると、継母はヒロインを監禁しようと思いつきます。

「閉じ込めているうちに男は忘れてしまうだろう」

と考えたのです。

さらに、

「私の叔父がこの屋敷に部屋住みしていて、典薬助（てんやくのすけ）で貧乏だが、六十歳で、さすがに好色だ。それに〝からみまはせて〟（絡ませ、まとわりつかせて）しまおう」

と思案します。要はヒロインを好色貧乏爺に強姦させて一生屋敷から出られないようにしようと考えたのです。

それで夫（ヒロインの実父）には、ヒロインが、

「身分の低い、二十歳ばかりの、身長は一寸しかない者を通わせている」

と嘘をつく。老いて耄碌（もうろく）している夫は、

「すぐさま追い立てて行って、この北の部屋に閉じ込めろ。食べ物もやるな。責め殺してしまえ」（〝ただ今追ひもて行きて、この北の部屋に籠めてよ。物なくれそ。しをり殺してよ〟）（巻之一）

と言ったので、継母は〝いとうれし〟と思い、計画通り、ヒロインを臭い物置的な部屋に監禁し、そこにスケベな典薬助を送り込みます。

「胸が苦しい」と訴えるヒロインに、継母は、

「典薬助は医者なのでお体を診てもらいなさい」

と言い、典薬助にも、

「お体を診て薬なども差し上げなさい」

と言い残して去ってしまう。そこで典薬助がヒロインの、

〝胸かいさぐりて手触るれば〟（巻之二）

という状態になったので、ヒロインはおどろおどろしく泣き惑うものの、制止する人もいません。そのうち、ヒロインに対して唯一忠実な侍女がやって来てヒロインを守っているうちに、典薬助がお腹をこわして尻をかかえて出て行ってしまう。その隙に、ヒロインは救い出されるという展開です。

物語とはいえ、犯罪以外の何物でもありません。

継母にしても今なら懲役刑は間違いないでしょう。この物語でも継母の家族は、ヒロインが救出されたあと、その夫の貴公子によって、さまざまな仕返しを受けます。けれど、継母自身が罰せられることはありません。最後はヒロインのおかげで良い生活が待っていて、「だから継子は大事にしよう」という結末です。

そうした設定からすると、当時も、継母による虐待は良くないこととされながらも、罰せられるほどのこととは考えられていなかったのでしょう。物語でもヒロインは、

「継母が憎むのは普通のことと世間の人も語る類いもあると聞く。が、父までこんなに冷淡なのは、ひどいと思っている」

という設定です。

総じて前近代では、子は親の所有物という感覚が強く、親の虐待行為には甘いところがあります。

律令の規定でも、子が祖父母や父母を殴ったり、殺そうと謀っただけでも死罪に相当したのに対し、「祖父母、父母は子や孫に対して教令の権をもち、懲戒のために子を殴打し、傷害しても罪にならなかった」(石井良助『法制史』)のです。しかも、子や孫は、祖父母や父母を訴えることはできず、違反すると死刑に処せられた(石井氏前掲書)。日本の古代の法律は中国の法律をもとに作られていますから、親孝行を旨とする儒教思想が色濃く反映され

ています。平安時代の日本では儒教はまだあまり普及していないものの、『落窪物語』を見る限り、親に甘過ぎるとしか言いようがない。

子は親の所有物だから、何をしても良いといった認識があったとしか思えないのです。

部屋住みのひとりみ貧乏老人

この『落窪物語』で興味深いのは、ヒロインの虐待に利用された六十歳の典薬助です。

継母によれば、

〝わが叔父なるが、ここに曹司して、典薬助にて、身まづしきが、六十ばかりなる、さすがにたはしき〟（巻之一）

という人で、継母の住む屋敷に〝曹司〟（部屋住み）していることが分かります。

〝曹司〟とは、貴族や上流武士の子弟でまだ独立せず、部屋住みをしている者や、その部屋を指します。

婿取り婚が基本の平安時代であれば、そこから妻の家に通い、子などができれば独立するのが常ですが、典薬助は六十にもなってまだ部屋住みの身……要は「ひとりみ」だったのです。

貧乏でひとりみだからこそ、姪である意地悪な継母に利用されてしまったのでしょう。

今のオレオレ詐欺の「受け子」なども、貧乏な学生や無職の人などが目をつけられてやらされたり、生活保護受給者が医療費の不正受給に利用されたりといった犯罪に巻き込まれるということがあるようです。「ひとりみ」というのは自由な反面、相談する家族もいなかったりして……継母は典薬助の姪なので、家族といえば家族なのですが、妻子という意味の家族……とくに貧乏であるなどして、経済的に誰かに依存している場合、つけ込まれやすいということもありそうです。

ちなみに平安時代以降にも、次男や三男が結婚せずにそのまま家に住むということがありました。鬼頭宏によると、「十六・十七世紀は婚姻革命の時代」であり、「だれもが生涯に一度は結婚するのが当たり前という生涯独身率の低い『皆婚社会』が成立した」といいます。こうした社会が成立した背景には、「世帯規模の縮小」があったといい、それ以前は、戸主のほか、戸主のオジや兄弟といった傍系親族、さらには家を継ぐ位置にいない直系親族（次男・三男など）が一つの世帯に隷属することが多く、彼らの多くは晩婚だったり、生涯を独身で過ごす者が多かった。それが十四・十五世紀ころから次第に従来の名主経営が解体しつつあったところに、十六・十七世紀になって市場経済が拡大し、世帯規模が縮小。傍系親族や家を継ぐ立場にない次男・三男の自立が進んだといいます。

もっとも、「民衆の家族は、中世を通じて核家族世帯」であり、さらに「中世には、階層を超えて親子二世代夫婦不同居の原則が強く存在していた」（西谷正浩『中世は核家族だったのか――民衆の暮らしと生き方』）ともいい、階層により、時代により、研究対象となった地域により、一概には言えないという印象です。

しかし戦前などにも、次男・三男や、オジなどが、戸主の食客のようにして居候するという話はあったようで、私の子ども時代の昭和四十年代、年寄りからそんな話を聞いたことがあります。まして前近代の旧家などで、独立できなかったり結婚できなかったりする親族が、部屋をもらって住むということは、「婚姻革命」以前も以後もあったのではないでしょうか。

幼女をたくさん抱いて寝ていた、ひとりみ大貴族

十六・十七世紀の皆婚時代を迎えるまで、結婚できる人は特権階級に限られていたことは再三触れてきましたが、平安後期、複数の妻を持てる身分に生まれながら、ひとりみでいたと伝えられる貴族が実在しました。

太政大臣の藤原宗輔(むねすけ)です。

彼は、蜂に名をつけて飼い馴らしており、〝蜂飼(はちかひ)の大臣(おとど)〟(『十訓抄』一ノ六)として有名でした。宗輔と蜂の話は鎌倉初期の『古事談』巻第一や平安後期の歴史物語『今鏡』にも載っています。この宗輔は『今鏡』によると、笛の名手だったり、菊や牡丹を大きく作り立てたり、かなりの趣味人だったのですが、

〝上(うへ)などいふ人も、いと定め給はざりけるにや、幼きめのわらはべをぞ、あまた御ふところには伏せておはしける〟(「藤波の下　第六」)

という人でした。

特定の北の方も定めず、幼女を大勢、自分のふところに寝かせていた。

要するに幼児性愛者だったのです。

年端もいかぬ幼女と一緒に寝るというのは、今なら紛れもない犯罪です。けれど、強固な身分社会であった当時、高貴な人にはゆるされていたのです。前近代の性のゆるさを紹介すると、しばしば「おおらかだった」と受け取られがちです。が、おおらかというのとは違う、と再三再四にわたって私が強調してきたのは、こうしたことがあるからです。

また、前近代と一口に言っても、千年以上の歴史があり、身分差、地域差などもあります。とくに古代・中世では、基本的に性というのは、人と人をつなぐ大事なものと考えられていましたが、強い立場にある者が、弱い立場にある者の「性」を搾取することに対しては、さして罪悪感を覚えていなかったのではないか。それは、寺院で、僧侶が年端もいかぬ少年を、男色の相手としていたことからもうかがえます。これも今で言えば性虐待ですが、当時の社会規範では、ゆるされていたのです。

宗輔の幼児性愛にしても同様なものの、さすがに奇異なものと思われていたからこそ、こうして歴史物語にも記録されているのでしょう。

『源氏物語』でも、源氏が十歳の紫の上に恋文を出した時、母親代わりの祖母は戸惑い、源

氏が重ねて所望した際は、祖母も祖母の兄も、紫の上の周囲の人間たちは、

〝ゆゆしうなむ誰も誰も思しける〟（誰もが皆、不吉にお思いになった）

とあります（「若紫」巻）。

生理もこない少女に執着するのは、平安時代であっても〝ゆゆし〟きことだったわけです。

ちなみに先の『今鏡』には、宗輔の子・俊通（としみち）の記事もあり、南北朝時代にできた系図集『尊卑分脈』には、俊通を含め、九人もの子女の存在が記されています。しかも宗輔の兄・宗忠（むねただ）の娘の一人（宗輔にとっては姪に当たります）は〝宗輔公室〟と記されていますから、妻と呼べる女もいた上、俊通の母は〝橘俊基女（たちばなのとしもとのむすめ）〟とあって、彼女とは別人です。つまり宗輔は、少なくとも二人の女と関係しており、少なくとも一人の女に子を生ませていたことになります。

あるいは彼女たちがごく幼いころから手をつけて子を生ませたのかもしれませんが、相手の女の生年は不明なので、確かめるすべはありません。

第十四章

後世の偏見でひとりみにさせられた女——小町伝説とひとりみ女差別

小野小町の末路は寂しく野垂れ死に？

実はひとりみかどうかは不明であるにもかかわらず、「ひとりみ」と決めつけられた実在の平安女性がいます。

小野小町です。

小野小町というと、絶世の美女というイメージがありますが、果たして本当に美女であったかどうかは定かではありません。

確かなことは、平安初期に活躍した天才的な歌人であるということ。『小倉百人一首』の〝花の色は移りにけりないたづらにわが身世にふるながめせしまに〟という歌はあまりにも有名です。『古今和歌集』には彼女の詠んだ歌が多く入撰し、安倍清行、文屋康秀らとの贈答歌、『後撰和歌集』には僧正遍昭（へんじょう）との贈答歌が載っています。

そんな小野小町には数多くの伝説が残されています。

メインは、言い寄る男を袖にしたあげく、晩年は零落したという落ちぶれ伝説です。

その伝説の形成には、『玉造小町子壮衰書』という漢詩が関わっています。

同書は、〃倡家〃（遊女屋の元締めの家）に生まれた美女が多くの男の求婚をしりぞけた末、親兄弟と死別し、没落する様を詠じた漢詩で、成立以降は、その美女と小野小町とが結びつけられて、小町といえば落ちぶれたというイメージが定着してしまいました。

もっともこれには異説もあって、片桐洋一によれば、

「平安中期、すくなくとも十一世紀の前半までに成立したと考えられる『玉造小町子壮衰書』以前に、すでに小野小町は説話上の人物になっていた」（『小野小町追跡――「小町集」による小町説話の研究』）

といい、小町零落伝説の芽は、『小町集』自体に内包された要素によるものだといいます。

な〜んだ、『小町集』なら小町自身の詠んだ歌を集めた私家集じゃないか、じゃあ小町自身のせいだろう。そう思う人もいるかもしれませんが、実は『小町集』の成立は、小町が生きていた平安初期よりあとの「平安中期、おそらくは十世紀末であろう」（片桐氏前掲書）とのこと。そして集の中には小町の作ではないことがはっきりしている歌もあるようなのです。

そもそも『小町集』は、平安中期の藤原公任の『三十六人撰』に負うところの大きい『三十六

人集』の中の一つであるといい、そこに含まれている私家集は、歌人自身が編纂した自撰家集と後の人が編纂した他撰家集に大別されるといいます。そして『小町集』は「他撰家集の中でも特殊なもので、当該歌人の作以外の歌を多数含んでいる」というのです（片桐氏前掲書）。

そんな『小町集』や、『伊勢物語』二十五段で男（在原業平）と歌を贈答する〝色好みなる女〟〝色好みなりける女〟の歌が『古今和歌集』の小町の歌と同一であるため、中世になって小町色好み説話が形を結ぶ。さらに〝花の色はうつりにけりな〟などの小町自身の歌のイメージも手伝って、小町の零落伝説が形成されたらしいのです（片桐氏の前掲書にはほかにも要因が挙げられているので、興味のある方はぜひ）。

そして時代が下ると共に、仏教思想や家父長制的価値観と結びつき、小町は男の心を翫（もてあそ）んだ高慢の罪で落ちぶれて、髑髏（どくろ）となってもまだ苦しんでいるといった具合に、どんどん落ちぶれ具合が激しくなっていきます。

あげく、江戸時代ころには、「穴無し小町」の俗説まで出てくる。

美女ながら、性的な不具者であったため、ひとりみを貫かざるを得なかったというわけです。

ひとりみ女への偏見の極致

実際の小野小町は生没年も未詳ですし、伝承のように男を翻弄したかどうかも落ちぶれたかどうかも不明。すべては藪の中です。

にもかかわらず、小町が好色であったという説話や、それに相反するような性的に不具であったというような説が、後世、行われたことについて、細川涼一は、

「中世の家父長制家族の成立を前提とした、男性が家を構えない単独生活者として存在した女性をどのようにみたのかという、男性の単身者女性に対する性的な女性蔑視観の両極の表現であるといえる」(『女の中世——小野小町・巴・その他』)

と指摘しています。

小町が好色だとか穴無しだとかいう説は、後世の家父長制的な価値観からくる「ひとりみ女」への偏見の極致だというのです。

確かに、小野小町の伝承を辿っていくと、貴族社会から武家社会になって、家父長制が強化されるにつれ、その描かれ方がどんどんひどくなっていくのに気づきます。

十三世紀初め、俊成卿女(しゆんぜいきようのむすめ)によって書かれたとされる『無名草子』では、行き倒れた小町の髑髏には、目からススキが生えてきて、〃あな目〃(ああ目が痛い)と言ったという有名な伝説が描かれています。しかし、通行人がススキを抜いてやると、歌をうまく詠めるようにしてやったというふうに、小町の歌詠みとしての才能やパワーに敬意を表してもいました。

それが『平家物語』（鎌倉時代）になると、小町が零落したのは多くの男たちの求婚を強情に拒んだためで、

「あまりに人の気が強すぎるのは、かえって我が身の不幸となるのに」（〝あまりに人の心強きもなかく〳〵あたとなる物を〟）

と登場人物に言わせ（巻第九「小宰相身投」）、さらに『十訓抄』（一二五二）では、小野小町が若くして色を好み、

〝万の男を賤しくのみ思ひ下して、天皇妃を目指した末、親兄弟に死別し、

〝単孤無頼のひとり人〟（頼る者のいない孤独なひとりみ）

になって、野山をさすらうほど落ちぶれたとあり（二ノ四）、『玉造小町子壮衰書』の美女と小野小町を同一視しています。

ここで、〝単孤無頼のひとり人〟と、ことさら「ひとりみ」が強調されているのに注目です。

『玉造小町子壮衰書』でも、

〝貧孤独遺〟（貧孤にして独り遺れり）

〝必導孤身云々〟（必ず孤身を導きたまへ云々）

〝欲説孤寡之嫗〟（孤寡の嫗に説かんと欲す）

等々、〝孤〟（みなしご、ひとりぼっち）ということが強調されていた。

女が年をとってひとりみなのは、〝孤〟や〝貧〟や〝無頼〟（頼みにする人のいないこと）といった、惨めでマイナスなイメージとイコールと見なされていたわけです。

細川氏によれば、小町には性病にかかって流浪したという伝説も残されており、これもまた、

「近世の男社会における単身者女性に対する憶測の反映なのではなかろうか。すなわち、婚姻外による性交渉という規範の逸脱、多淫の果てに性病を患った未婚の女性という像である。そして、この性病を患った遊女小町像の背景には、近世の村方の隠売女の末路が投影されてもいるのではないか」（前掲書）

といいます。

そういえば以前、東京の国分寺に行った時、真姿の池というのがあり、そこの看板にはこうありました。不治の病に苦しんだ玉造小町が病気平癒のために国分寺を訪れ、ここで身を清めると真姿に戻ったというので名づけられた、と。『玉造小町子壮衰書』には、小町が不治の病に苦しんだというくだりはないので、これは明らかに後世に発生した伝承です。また、真姿の池の近所の恋ヶ窪には姿見の池という、同地が宿場町であったころ、遊女が朝な夜なに姿を映していたと伝えられる池もあり、小町と遊女と不治の病が渾然一体となっている感がありました。

誰もが結婚できる皆婚社会となったのは十六・十七世紀以降のことですから（鬼頭宏『人口から読む日本の歴史』）、「ひとりみ女」を孤独・貧乏と蔑視する傾向もそれ以降に強まったのでしょうが、小町零落説話はすでに平安中期から後期にかけて存在しており、それ以前からも、男を翻弄する女への悪意があって、小町をことさら零落の方向へ導いていったと思われます。

まとめると、

1 平安中期から後期にかけて、『伊勢物語』や『小町集』をもとに小町零落説話が形成された

2 『玉造小町子壮衰書』成立以降、玉造小町と小野小町が結びつき、さらに中世（平安末期）以降の家父長制社会の強化、女性の地位の低下に伴い作られた、美女が死んで腐乱死体となる「九相図（くそうず）」や、髑髏となっても苦しむといった仏教的な文芸の影響で、小町落魄の度合いが増していった

3 近世（江戸時代）以降、男社会における単身者女性や、遊女に対する偏見の増悪により、不治の病に苦しむ遊女小町や、穴無し小町の伝承が流布した

といった感じでしょうか。

中世以降、男の誘いを拒絶する小町のような女が「驕慢」だ、つまりは生意気だから落ち

ぶれてしかるべきだとされ、近世以降、ひとりみ女が、家父長制に反する存在として貶められて、零落度が加速する様は、社会によるひとりみ女への集団リンチを思わせて、恐ろしいものがあります。

女の地位の低下と共に、清少納言も紫式部も零落

このように、後世の偏見によって零落させられた平安女流文学者は、小野小町だけではありません。

『枕草子』（一〇〇〇ころ）で名高い清少納言は、小町の髑髏伝承も記される『無名草子』によると、晩年、乳母子（めのとご）に連れられて地方に下って零落した様子が描かれ、〝いとあはれなれ〟と同情されています。

それが一二一二～一五年ころの『古事談』（源顕兼（あきかね）編）になると、零落した物乞い姿の清少納言が秀句を詠んだ話や、男と間違えられて殺されそうになったため、前をはだけて陰部を見せて女であることを示したという話を伝えている（巻第二）。

小野小町の零落伝承の度合いが、時代が下ると共にひどくなっていったのと同様の現象が、清少納言においても起きているのです。

もっとも清少納言については、同時代の紫式部が、その日記で、

〝そのあだになりぬる人のはて、いかでかはよくはべらむ〟（そういう軽佻浮薄なたちになっ

てしまった人のなれの果てが、どうして良いことがありましょう）

と、清少納言の晩年が落ちぶれているかのような口ぶりで書いています。これは、「清少納言が宮仕えを退いた後、おちぶれたことをある程度見とどけての言と考えられる」（新編日本古典文学全集『紫式部日記』校注）

ともいい、清少納言が落ちぶれたこと自体は、かなり信憑性がありそうです。

だとしても、殺されそうになって陰部を見せたといった説話は、悪質としか言いようがなく、小町は実は穴無しだったといった俗説同様、性的な屈辱で以て女を貶める手法でしょう。孝謙天皇（重祚して称徳天皇）が道鏡の巨根でもなお不足に思い、ヤマイモで陰茎を作って使っていたものの、中で折れたのが原因で死んでしまったというような『古事談』巻頭の説話と同趣だと思うのです。

そういえば孝謙天皇は、初の（そして唯一の）女性皇太子から即位した女帝であり、生涯、ひとりみの女性でした。孝謙天皇が道鏡の巨根を愛したと思わせる伝承は、『日本霊異記』（八二二ころ）にすでにあり、つまり女帝の死後、五十年後には囁かれていたことで、ひとりみ女が性的に貶められる構図は、女の地位が高かった平安初期でも存在していたほど、根深いものがあるわけです。

話を平安中期の女流文学者に戻すと、清少納言を「落ちぶれ者」扱いした紫式部に関しても、十二世紀後半の『今鏡』や『宝物集』に至ると、〝妄語〟の罪で死後、地獄に墜ちたという説が出てくるようになります。〝妄語〟とは、仏教の在家者の守る五戒に背く罪、また十悪と呼ばれる罪の一つで、嘘をつくことです。『今鏡』によれば、紫式部は『源氏物語』に〝さのみかたもなきことのなよび艶なる〟（さしたる根拠もない、なよなよと色めいたこと）をたくさん書いたため、死後は焦熱地獄の苦しみを受けていると、もっぱら言われているというのです（「打聞」第十）。

『今鏡』の編者は妄語の罪には当たらないと紫式部を弁護していますが、『宝物集』では、紫式部が〝虚言〟を『源氏物語』に書いたので、地獄に墜ちて苦しんでいる夢を見た人がいたので、歌人たちが集まって、経を書写して供養したとあります（巻第五）。

中世になると、かつて宮廷文化を彩った、めぼしい美女や才女たちに、軒並み落ちぶれ説話が作られているのです。

背景にあるのは繰り返すように、女の地位の低下です。

娘を入内させ、生まれた皇子を皇位につけて一族繁栄するというふうに、女パワーでのし上がった貴族の力が弱まり、武士の時代へと転換していく平安末期以降、女の地位は低下して、諸子平等、男女平等だった相続制度にも変化が見えてきます。

それまでは、女は家土地を相続すれば、結婚後、自分の子孫に伝えることができたのが、「一期限り」（生きているあいだだけの相続）となり、死後は、主たる相続者に返還しなければばいけないという制度が生まれてくるのです。もっともこの制度はすぐに普及したわけではなく、鎌倉中期あたりに一般的になっていく上、女性の相続自体もかなり後世まで続いていました。

だとしても、女の経済力は低下し、それに伴い、次第にその地位全体が低下して、家父長制が強化されていきます。

こうなると、女の才能や、家を壊す恐れのある色好み、女の美貌といったものが役に立たない、不用のものとなってきて、それらの才能で有名になった平安女性たちの零落説話が作られるわけです。

ひとりみのまま死ぬのは可哀想だという発想

ひとりみへの偏見ということで言うと、日本にはいつごろからか、「結婚して一人前」という観念ができあがっていて、最近でこそ、そうしたことはあまり言われなくなりましたが、昭和一桁生まれの私の両親などはこうした考え方だったように記憶します。

前近代でも、たとえば平安貴族などは、元服と共に結婚というパターンが多く、大人になることと結婚することはイコールでした。

それ以降の時代でも似たようなもので、室町時代の貞成王(さだふさ)（後崇光院(ごすこう)）は、貧乏皇族ゆえ、元服が四十歳だったりしたわけですが、記録を見る限り、第一子が生まれたのは四十五歳の折で、結婚も元服後であった可能性があります。江戸時代の小林一茶にしても、結婚できたのは、弟との相続問題が解決した五十二歳のことでした（拙著『くそじじいとくそばばあの日本史――長生きは成功のもと』参照）。

大人になることと結婚、結婚と経済的な独り立ちというのは、このように切り離せないものだったのです。

とはいえ、繰り返すように、十六・十七世紀になるまで、誰もが結婚できたわけではなく、都市部ではこの時期を過ぎても婚姻率が低かったことはすでに触れた通りです。

結婚が誰にでもできるものではなかったからこそ、「結婚して一人前」という観念もかえって強かったのかもしれません。

結婚は経済力が伴ってこそ、できるものだったからです（現代でも、とくに男性の年収と婚姻率には相関関係があることが、各種調査から分かっています）。

つまり、人によっては一生、一人前の人間とは見なされない向きも前近代にはあったわけです。

それで思い出すのは、東北の山形県に主としてある「ムカサリ絵馬」という風習です。

「ムカサリ」とは「迎へられ」の方言で、東北では、祝言または婚礼を意味します（柳田國男『常民婚姻史料』……『定本柳田國男集』第十五巻所収）。

「ムカサリ絵馬」とはこの祝言の様子、新郎新婦を描いた絵馬で、独身のまま死んでしまった子のため、親や親族が奉納するものです。戦死した息子のために作られたものも多いといいます。

この絵馬は、東アジアの「冥婚（めいこん）」と呼ばれる死後の結婚と結びつけられて考えられています。この風習がたとえば韓国では長男子の相続や祖先祭祀の問題と絡み合っているのに対し、日本の場合はそうしたパターンは全く見られないといい（桜井徳太郎『桜井徳太郎著作集7 東アジアの民俗宗教』）、一口に論じるのは難しそうです。

思うに日本の場合、結婚して一人前という考え方が根底にあるのと、何より、結婚せぬまま、あの世に行くのは不憫だという親心が大きいのではないでしょうか。その根っこには、結婚とは良きもの、楽しきもの、という結婚への肯定的な観念があることは相違ありません。

そうした良いことをせぬまま、亡くなってしまった子への切ない思いが、この風習を生んだのでしょう。

それはそれで共感はできるのですが……。

現代も続く「ひとりみ」への偏見とプレッシャー

結婚は女の地位が低下した時代には、女の没落を防ぐ装置として機能していたでしょうし、家、ひいては国を繁栄させる基盤となる大事なものですが、それが良いものであるかどうかは、ケースバイケースです。

結婚は良きものという観念は、時に結婚の押し売りにもなり、またひとりみへの差別や余計なお節介につながりかねない。

これは、拙著『やばい源氏物語』でも紹介したのですが、最近では、男女のお見合いをセッティングする自治体もあります。しかしこれも色々と物議を醸しており、東京都国立市で行われた自治体主催の婚活パーティについて、市が広報で参加者を募る際、申し込み条件に男女で年齢差をつけていたため、市民から苦情を受け、謝罪して訂正したということがありました。市によると、男性28～49歳、女性23～44歳という条件で各15人を募集、同日に市民から苦情がきて、次号で対象年齢を男女共に23～49歳に訂正した。委託された運営会社は、すでに行われた他市での婚活パーティで男女同年齢で募集したところ、女性は40代、男性は20代が多かったことを理由に、年齢差をつけることを提案し、市が受け入れた。この運営会社の代表は、「男性も女性も子どもを望む人が多いと思い、この年齢を設定した」とのこと（二〇二三年二月二十日付「朝日新聞」朝刊）。

驚くことに、

「自治体による結婚支援は各地で行われており、2013年度から内閣府が地域の少子化対策として交付金をつけた。新年度からは少子化対策の目玉事業としてこども家庭庁に移管され、補助率も拡充され、計約10億円を見込む」（同前）

といいます。

民間のお見合い企画で年齢差をつけるのならともかく、これだけ男女同権が叫ばれる中、自治体主催の企画で男女に年齢差をつけるとは……という思いもさることながら、広く国民のために使われるべき税金が、募集人数を見ても、さしたる効果を生みそうにない婚活事業に使われるというのはいかがなものか。

それ以上に、結婚という極めて個人的な事柄に、自治体が税金を投じて介入するというのはおかしな話ではないでしょうか。

「そもそも、結婚や出産など個人の生き方に、行政が介入するべきではない」(同「朝日新聞」朝刊)

という富山大学非常勤講師の斉藤正美(社会学)の意見に激しく同感です。

何よりも、国や自治体が税金を投じて婚活を推進するようなスタンスは、ひとりみでいることが、国や自治体の意に背いているかのようにも取られかねず、ひとりみへの偏見や差別にもつながりかねないのではないか。

そんなふうにも思うのですが、いかがでしょう。

第十五章

なぜ『源氏物語』の主要人物は少子・子無しなのか――人間はひとりみを志向する

『源氏物語』の主要人物は少子・子無し

古典文学を素材に文章を書き始めて三十年以上になります。

とくに『源氏物語』はさまざまな切り口で書いてきましたし、全訳もして、私の人生にも大きな影響を与えてくれました。

「ひとりみ」的にも非常に興味深い作品ですし（→第七章）、現代日本をはじめ、先進国で問題視されている少子化という点からしても、考えさせられる作品です。

というのも『源氏物語』には、朝顔の姫君、宇治十帖の大君や浮舟といった、結婚を拒否する女君の系譜があります。しかも、結婚をした女君にしても、主要人物の出産数はゼロか一人が多いのです。

次の図を見て下さい。登場人物の世代別に見た主要女君の子どもの数を計算して、一覧にしてみました。

　まず主人公である源氏の子が三人という少なさに注目して下さい。源氏の妻や恋人が何人もいたことを思うと、この少なさは驚異的です。源氏自身も「自分は子が少ない」と自覚しているという設定です（「玉鬘」巻）。

　源氏の妻や恋人の子の数の少なさにはさらに驚きます。

　源氏の妻は、葵の上、紫の上、明石の君、花散里、末摘花、女三の宮ですが、このうち生涯、子を生まなかった人が六人中三人、子の数が一人という人が六人中三人。つまり源氏の

表2：『源氏物語』登場人物の主要女君の子どもの数

＊左は主な妻や恋人、右の数字は子どもの数

桐壺帝の妻や恋人	子どもの数
桐壺更衣	1
弘徽殿大后	3
藤壺	1（実父は源氏）

源氏の妻や恋人	子どもの数
葵の上	1
空蝉（夫は伊予介）	0
六条御息所（夫は故前坊）	1（父は故前坊）
夕顔（夫は頭中将）	1（父は頭中将）
末摘花	0
朧月夜（夫は朱雀帝）	0
紫の上	0
花散里	0
明石の君	1
女三の宮	1（実父は柏木）
朝顔の姫君	0（未婚）

頭中将（内大臣）の妻	子どもの数
四の君	3
按察大納言の北の方	2以上（父は頭中将が一人、その他の子の父は再婚した按察大納言）
夕顔	1
近江の君の故母	1

冷泉帝の主な妻	子どもの数
秋好中宮	0
弘徽殿女御	1

髭黒大将の妻	子どもの数
北の方	3
玉鬘	5

夕霧の妻	子どもの数
雲居雁	7
藤典侍	5
落葉の宮（柏木の元妻）	0

今上帝の主な妻	子どもの数
明石の中宮	5

薫の妻や恋人	子どもの数
大君	0（未婚）
浮舟	0

匂宮の妻	子どもの数
中の君	1
六の君	0

妻の平均出産数は〇・五人です。

源氏の恋人は空蝉、六条御息所、夕顔、朧月夜で、源氏が執心していた朝顔の姫君も入れると、生涯、子を生まなかった人が五人中三人、子の数が一人という人が五人中二人で、平均出産数は〇・四人。

源氏の妻や恋人十一人のうち子を生んだのは五人で、しかも彼女たちの子どもの数はいずれも一人。平均出産数は約〇・四五人という少なさになる。

これを、源氏以外の登場人物と比べてみると、ライバルで親友の頭中将（内大臣）は、柏木、紅梅、弘徽殿女御、雲居雁、玉鬘、近江の君等々、物語で分かるだけでも六人の子がいます。

源氏の子である夕霧は、正妻の雲居雁に七人、召人（お手つき女房）的な存在である藤典侍に五人と、十二人の子沢山です。

源氏のモデルの一人といわれる藤原道長が、二人の北の方である源倫子や源明子とのあいだにそれぞれ六人ずつ、源重光女とのあいだに一人、計十三人の子をもうけていることと比べても、源氏やその妻や恋人の子どもの数がいかに少なく設定されているかが分かります。

仏教とひとりみと『源氏物語』

なぜこんなにも『源氏物語』の主要人物は少子・子無しが多いのか。

一つには、作者の紫式部が一人しか子を生んでいなかったということがあるかもしれない。紫式部は父親ほどの年齢の藤原宣孝(のぶたか)と結婚後、娘を一人生んでいますが、間もなく夫と死別し、知られる限り、一人しか子どもはいません。子はゼロか一人というのが想像しやすかったのかとも思うものの……『紫式部日記』で彼女は自分を水鳥になぞらえたりもしています。なりきり能力の高い紫式部ほどの天才であれば、その実体験はさしたる理由ではない気がします。

もう一つ、物語を煩雑にしないためということも考えられます。『源氏物語』に先行する『うつほ物語』でも、かぐや姫よろしく求婚者を集めた主要女君のあて宮は、同腹のきょうだいは自身を入れて十七人、異腹のきょうだい九人と、その父親(源正頼)は子沢山なものの、あて宮自身は入内して生んだ皇子は三人ですし、ヒロインとも言える尚侍(ないしのかみ)(仲忠母)の生んだ子は仲忠一人と、非常に少ない。彼女の生んだ仲忠は、父に、

「私の子はあなた一人だが、左大臣(源正頼)の大勢の子どもたちを圧倒せんばかりの存在でいらっしゃるから、世間の人もかえってこちらのほうが良いと思っているのに」(〝一人なれど、かれを押し伏すばかりにものしたまふこそ、世の中の人も、なかなかかうてと思ひたるを〟)(「楼の上 上」巻)

と言われています。

少数精鋭ともいうべき思想はどの時代にも見られるものですが、この時代はその考え方が

とくに強かったのかもしれません。

『源氏物語』の少子傾向の理由については、今一つ、第七章でも指摘したように、『竹取物語』に通じる「結婚拒否」の思想がそこにあったのではないか。

娘を入内させ、生まれた皇子の後見役として一族が繁栄する当時の外戚政治への批判もそこにはあったでしょう。

それと関連して、結婚というのは必ずしも幸せを意味しないという、結婚が政治の道具とされていた時代ならではの実感や、さらに「はじめに」でも紹介した子孫繁栄への嫌悪感……おそらくは仏教思想に影響された……が、潜んでいたのではないか。『源氏物語』には、

「すべてのことが昔よりも劣り気味で、浅薄になっていく末世」（〝よろづの事、昔には劣りざまに、浅くなりゆく世の末〟）（「梅枝（うめがえ）」巻）

ということばがあり、仏教の末法思想に貫かれていました。

しかも藤壺、朧月夜、浮舟等々といった『源氏物語』の主要な女君はもちろん、源氏や朱雀院などの男君も最終的には出家しています。

『源氏物語』は一面、出家物語と思えるほどで、仏教が大きく影響していることは言うまでもありません。

主人公の源氏が多くの女たちと関係し、最後は空しさを覚える。宇治十帖に至ると、俗人のまま出家したような暮らしをする八の宮が現れ、男主人公の薫（源氏と女三の宮の子。実

父は柏木）は彼に憧れるものの、結局、俗世を離れることができない。一方、八の宮の劣り腹の娘・浮舟は若くして出家を遂げ、

「これでやっと世間並みの暮らしをしなくてはいけないと思わずに済む。それこそは実に素晴らしいことと、胸の晴れる思いになった」（〝世に経べきものとは思ひかけずなりぬるこそは、いとめでたきことなれと、胸のあきたる心地したまひける〟）（「手習」巻）

という心境に達する。

彼女を出家させたのは〝横川（よかわ）の僧都〟。紫式部と同時代、同じ名で呼ばれた実在の人物がモデルです。彼の名は源信といい、老母や妹尼がいたことが知られており、家族構成も『源氏物語』の横川の僧都と全く同じです。

源信は、この世を汚れた穢土（えど）として厭い、極楽浄土に往生をする意義と方法を説いた『往生要集』の著者として知られ、貴族のあいだに浄土教の一大ブームを起こしていました。それでなくとも『源氏物語』は、光明を放つ仏を思わせる〝光る源氏〟をはじめ、末摘花の鼻を〝普賢菩薩（ふげんぼさつ）の乗物〟（象。「末摘花」巻）にたとえたり、源氏が玉鬘に説く物語論では、方便、菩提、煩悩といった仏教用語で物語を説明していたり（「蛍（ほたる）」巻）、仏教の影響が強い。たとえというのは通常、理解を深めるためのものですから、読者にとって分かりやすい例を挙げるものです。物語論において、仏教のたとえを出したというのは、当時の読者層たる貴族にとっていかに仏教が馴染み深いものであったかの証左でもあります。

そもそも仏教の始祖・仏陀は、妻や子を捨てて、修行の道へと入ったわけですし、出家の本来的な意味は、文字通り、家族を捨て家を出ることです。

第三章で指摘したように、日本の仏教は性的にもかなりゆるいものになっていたとはいえ、仏教は基本的に「ひとりみ」を志向します。

しかも『源氏物語』ができた平安中期、現代では想像できないくらい、とくに貴族のあいだに仏教は浸透していました。

仏教関連の行事は宮中でも貴族の私邸でも数多く、病気になると祈祷するのは法師ですし、病が重くなると人々は戒を授けてもらい、場合によっては出家していたのです。

『源氏物語』のひとりみ志向は、仏教の影響が非常に大きいと私は考えています。

『源氏物語』では、末法思想や浄土思想がベースになって、俗世を厭い離れる出家を志向するという要素がまずあることは間違いないでしょう。

プラス、紫式部の抱く結婚観というようなものが反映されているのではないか。

『源氏物語』で理想とする女は「ひとりみ」

紫式部の結婚観とはいかなるものか。

と、考えた時、『源氏物語』で理想とされている女のあり方が「ひとりみ」であることに気づきます。

源氏の理想の人である藤壺も、もともとは結婚を志向した存在ではありませんでした。皇后腹の内親王という、独身がデフォルトの高貴な身分に生まれた彼女は、桐壺帝から熱心に入内を申し入れられていました。が、母・皇后は〝あな恐ろしや〟と反対していたのです。

「弘徽殿女御(のちの弘徽殿大后)がとても意地悪で、桐壺更衣が、露骨にものの数でもなくあしらわれた例も忌まわしい」(「桐壺」巻)

と。源氏の母・桐壺更衣は、父のない、低い身分でありながらミカドに熱愛されたため、弘徽殿をはじめとする人々に妬まれ、いじめられた末に、ストレスで病気がちになって早死にしてしまったからです。こうした恐ろしいいきさつもあって、藤壺には入内の意志はありませんでした。ところがそんな藤壺が最終的に後宮に入ったのは、母・皇后も死に、兄の兵部卿宮(のちの式部卿宮)などが「こんなふうに心細く過ごしているよりは」と勧めたからなのでした。

つまり結婚は藤壺の意志ではなかった。しかも五歳年下の継子である源氏と通じることになって、不義の子を生んでしまいます。この不義の子は東宮となりますが、夫・桐壺院の死後、源氏の執心が激しくなって、それを拒むと、源氏が出家をほのめかすという事態に。源氏に東宮の後見役になってほしいと考えていた藤壺は、

「もしも源氏が出家してしまうようなことがあれば、東宮のためにお気の毒だ」

と思い、また、

「源氏の執心が続けば、ただでさえ気苦労が多いのに、悪い噂まで立ってしまうだろう。弘徽殿大后がけしからぬことと仰せになっているこの中宮の位も退いてしまおう」

と考えて、誰にも相談せず、出家を遂げてしまいます。

驚いたのは源氏をはじめとする周囲の人々です。源氏は東宮のためを思って出家を思いとどまります。藤壺の目論み通りになるわけです。ところが源氏はよりによって弘徽殿の妹で、朱雀帝の寵姫である朧月夜と密会を重ねる。それが発覚し、須磨で謹慎することにはなるものの、帰京後は、即位した東宮（冷泉帝）の後見役として政界に君臨し、藤壺も入道宮の立場で隠然たる力を発揮することになります。

注目すべきは、源氏の永遠の女性である藤壺が出家して「ひとりみ」となっていることです。彼女のそもそもの志向を思えば、これが本来の姿であるとも言えます。

女の自由とひとりみ

源氏が熱心に言い寄っていた朝顔の姫君も同様です。

源氏といとこ同士の彼女は、源氏の熱心なアプローチを受けていました。しかし同じく源氏に熱心に口説かれていた六条御息所が、体をゆるしたとたん、源氏にさして大事にされず、世間の人も皆、二人の関係を知っているのに、れっきとした妻としての扱いをしてもらえず

に嘆いているといったことを聞くにつけても、

〝いかで人に似じ〟(自分は何としても二の舞はすまい)

と深く考えて、源氏になびきませんでした。それでいて、相手が間の悪い思いをしないように気遣う。そんな彼女の心遣いに、源氏は「やはりこの方は違う」と一目置きます(「葵」巻)。

藤壺死後、源氏はますます朝顔の姫君に接近するものの、彼女はつれなく拒み続けます。叔母である女五の宮にも源氏との結婚を勧められますが、きっぱりはねつける。そして最終的には、生涯結婚することなく、藤壺同様、出家します。もっとも藤壺は、当時の貴族や皇族がしばしば出家後も政治に介入していたように、政界に影響力を持っていましたが、朝顔の姫君はひたすら仏道に専念します。そんな彼女のことを源氏は、

「多くの人々の有様を見聞きした中で、芯から理想的でいながら、さすがに慕わしいことでいったら、この朝顔の姫君と比較できる人すらいなかった」(〝ここらの人のありさまを聞き見る中に、深く思ふさまに、さすがになつかしきことの、かの人の御なずらひにだにもあらざりけるかな〟)(「若菜下」巻)

と、紫の上に語っています。

男に求められながらも孤高を貫き、ひとりみを保つというのは、『源氏物語』における女の理想の生き方の一つであることは間違いありません。

天皇家に入内するような当時の中〜大貴族の家に生まれた女たちにとって、結婚や人生というのは、親兄弟のコントロール下に置かれるもので、彼女たちはそれが当たり前と信じて生きていたところがあります。

そうした女たちにとって、自分自身の人生を生きる手段というのは、ひとりみでいることしかなかった。しかし高貴な内親王などならともかく、一般の貴族女性が、理由もなくひとりみでいることは至難のわざです。夫と死に別れたとしても、まだ年若ければ、再婚を勧められるのが普通ですし、財産や財産管理能力のない女だと、ひとりみでいることはなおさら困難です。そうなると、ひとりみでいる唯一に近い手段は「出家」ということになります(もっともこれとて、財産がないと、難しいところはあったのですが)。

『源氏物語』の多くの女君たちが出家を志向し、「出家物語」の一面もあるのは、仏教が身近だった時代背景のほかに、そうした女の生きづらさが影響しているのではないか。

朝顔の姫君は、源氏という男に振り回される六条御息所を見て、ひとりみのまま出家して、仏道に専念することで、自由な身の上を貫いたものです。

藤壺もまた、出家することで、源氏に振り回される人生に終止符を打ち、政界にも影響力を及ぼすなど、出家後の姿は朝顔の姫君とは異なりますが、出家前より、思いのままに人生を生きることができた。

『源氏物語』の女たちにとって、出家は、一種、自由へのパスポートとなっていることが分かります。

ただし、彼女たちには、相応の経済力があったため出家も可能であったということを忘れてはなりません。

紫の上が、出家を望みながら、最後まで叶えることができなかったのは、母方を失い、継母と同居する実父とは他人同然という関係の中、源氏以外に頼みにする人がいなかったという事情も手伝っているのです(このあたりの詳細については拙著『嫉妬と階級の『源氏物語』』に書いたので、そちらをご参照下さい)。

人はひとりみを志向する?

このように、『源氏物語』には少子・ひとりみ志向が強いのですが、少子・ひとりみ志向というのは平安中期の『源氏物語』に限ったことではありません。

「はじめに」で触れたように、兼好法師は『徒然草』で子孫はいないほうが良いと言い、彼の引用する聖徳太子のエピソードも子孫繁栄を否定するものでした。しかしこれは、彼らが仏教の信奉者であったことから説明がつきます。

『徒然草』の作者は兼好法師と呼ばれるように出家者ですし、聖徳太子が仏教をあつく信仰し、『勝鬘経義疏』などの経典の解説書を記し(異説もあります)、仏教の興隆につとめたことは改めて言うまでもありません。少なくとも平安時代の人々は太子を熱心な仏教者と見なしており、極楽往生を遂げたとされる人々の列伝『日本往生極楽記』や、仏教説話集『大日本国法華経験記』の巻頭は、いずれも聖徳太子で飾られています。

南北朝時代くらいまでのインテリにとって、『法華経』などの仏典や仏教説話というのは、一部の限られた人にしか普及していなかった儒教などと違って、芯からしみついた教えでした。そのため、手放しで現世の繁栄を礼讃するというような姿勢にはなりにくかったのでしょう。前にも触れたように、仏教は、本来的・基本的に家や家族を捨てる「出家」、つまりひとりでいることを志向するからです。


問題は、平安時代などと比べると仏教的な終末観や信仰心も薄らいだと思える江戸時代後期や現代の日本人全般に、少子・晩婚化傾向があることです。

十六・七世紀になって、「皆婚社会」といわれる、誰もが生涯に一度は結婚するというような社会が訪れたものの、都市部の婚姻率は幕末に至っても低いものでしたし、結婚したとしても離婚も多く、江戸後期の出生率は驚くほど低いものでした。

その原因については、たび重なる飢饉や貧困など諸説あり、家を守るために出生コントロールをした結果ともいわれるものの、一言で言えるものではないらしいこと、将来不安が大きく作用しているのではないかと個人的には考えていることはすでに触れました（↓第十章）。

今また右肩下がりの時代に入って、少子化や婚姻率の低下が叫ばれていますが、先行きに不安があれば、結婚や出産を思いとどまることは、生き物として当然の反応でしょう。
それでなくとも子育てというのは大変な労力と精神力を必要とする上、出費も余儀なくされるものです。

そもそも、妊娠出産は、女から多くの時間を奪い、痛みを伴う苛酷な営みです。男にとっても、その責任や負担は、ひとりみでいる時と比べれば段違いに重くなります。

もちろん子を持つ喜びというのは格別なものがあるには違いない。

しかし現在、結婚そのものが、そこまでうま味のあるものではなくなっている。選択的夫婦別姓もいまだに実現しない中、姓を変えるのはまだまだほとんどが女側です。姓を変えればパスポートやカード類の変更はもちろん、会社を経営していれば登記も変えなければいけないでしょう。煩雑な手続きを踏んで得られるものといえば、生まれ育った姓とおさらばすることです。しかも男女共働きでも、夫の扶養内で働く人を除くと、結婚によって得られる税制上のメリットはあまりありません。子どもをもうけて安心して働ける環境が整っているならともかく、保育園にも入りにくい、夫の育休も取りにくい……というのでは、結婚や出産に二の足を踏むのは無理もありません。

そもそも結婚は、古来、一部の特権階級なり、経済成長が盛んな時代なり、育児を手伝ってくれる妻方や夫方なりの環境が整っている「恵まれた人々」にのみゆるされる営みでした。

それは基本的に今も変わりません。

子どもを保育園に預けられなくても、実家が近かったり二世帯という環境であったりすれば、苦労も軽減できるでしょうし、夫婦共に高収入であれば、シッターさんなり無認可の保育園なりプレスクールなりに、子を託すこともできる。

結果、現代日本においても、結婚というのは、社会的強者の贅沢になってしまっているところがあります。

しかし社会的強者であっても、先に触れたように、結婚にうま味……メリットを感じないために、ひとりみを選ぶ人たちもいる。高収入の女性の結婚率が低いのはそのあたりに理由があるでしょう。

しかも前近代の特権階級と違い、彼らには、家の存続や繁栄を担うために結婚するという義務感も……一部の伝統芸能継承者や政治家などを除けば……薄れています。

こうした状況下、結婚をするもしないも「選べる」としたら、「選ばない」という選択をする人が増えても不思議はありません。

加えて今、世界では地球温暖化や疫病の流行など、仏教的な終末観がなくとも、終末思想に馴染みたくなるような状況が到来している。少子・ひとりみ傾向の要因については、女性の高学歴化や就業率の高さがつとにいわれていて、ともするとそれらが「悪」であるかのように見なす勢力もあるのですが、そうした状況のない江戸後期においても少子化があったことを思うと、その主たる原因は「将来への不安感」ではないか。

自身の将来がどうなるか分からないのに、結婚をしたり子を生んだりしている場合ではない、というわけです。

日本の一般世帯の構成が、単身世帯（単独世帯）は三八・一％と、最多となっているのも（→はじめに）必然的と言えるのではないでしょうか。

古典文学の指し示す新しい「家族」の形

このように単身者が多いという状態は、見てきたように、結婚が誰にでもできるわけではなかった中世以前に通じるものがあります。

昔のひとりみの多くが、皇女や宗教関係者や奥女中、性的少数者（マイノリティ）等を除くと、下人など低身分・低収入ゆえに、やむを得ずその立場を強いられていたように、今も経済的に弱い立場の人がとりわけひとりみにならざるを得ないという状況に変わりはないでしょう。統計を見ると、年収と婚姻率というのは、とくに男のケースではっきり比例します。それは現代日本ではまだまだ男が経済を担うことが多いからにほかなりません。

結婚できる程度の経済力があったとしても、自由でいたい、結婚という形に意義を感じないなどの理由であえてひとりみを選ぶ人もいるでしょう。そうした人に、強いて結婚を勧めるおせっかいな親類というのも、今の日本では姿を消しつつあって、ますますひとりみは増えていく一方です。

それはそれで大いにけっこう、気の合わない姻族や血族が増えていくよりは、ひとりみのほうがよほどいい。むしろ、気の合うひとりみ同士、もっと親密に暮らせるほうが良かろうにと思っています。

そんな私が思い出すのが、『源氏物語』のラスト・ヒロインの浮舟が辿り着いた、家族の形です。

浮舟は、北の方を亡くした八の宮が、北の方の姪で女房として仕えていた中将の君に生ませた娘です。しかし、父の八の宮は浮舟を認知せず、打ち捨てられた中将の君は受領と結婚しますが、この受領も浮舟を〝他人(ことひと)〟と見なして、実の子たちと差別していました。このように実父にも継父にも見捨てられていた浮舟ですが、母の中将の君だけは、受領とのあいだに生まれた子どもたちとは容姿も様子も比較にならぬほど優れた浮舟を、なめるように大切に育てます。浮舟の幸せを願う中将の君は、薫が浮舟を所望していると聞いても、高貴な八の宮の冷酷さを思い出し、浮舟を託す気持ちにはなれませんでした。ところが、彼女が浮舟のために用意した婿は、受領の財産目当てであったため、受領の継子の浮舟でなく、実の娘に乗り替えます。「浮舟を一人前扱いする親族がいないからバカにされるのだ」と考えた中将の君は、いとこで継子でもある中の君のもとに浮舟を託すことを思いつきますが、そこで匂宮の奥様然としている中の君や、優美な薫の姿を見ると、とたんに考えを翻してしまいます。

「同じ我が子ながら、他の娘たちとこの姫は格段に雰囲気が違う。それを思えば、やはり今後も、理想は高く持っていなければ」(「東屋(あずまや)」巻)

そう考えて、薫に浮舟を縁づけるべく、中の君に託すのです。

実父や継父からのネグレクト、実母からの過度な期待……浮舟は、今でいう機能不全家族で育っていたのです。

そして、ろくに交流もなかった異母姉の中の君邸に預けられ、彼女を新参女房と勘違いした匂宮に、いきなり襲われてしまいます。乳母のおかげで事無きを得るものの、それを知った中将の君は、急いで浮舟を、所有していた小家(こいえ)に移します。ところがそこを訪れた薫によって、いとも簡単に犯されて、宇治に連れて行かれます。

浮舟を亡き大君(浮舟の異母姉)の身代わりと見なしている薫は、正式な結婚の手続きも踏まぬまま、亡き八の宮や大君のいた宇治に彼女を囲うのです。

自分の意志とは無関係に、薫に犯され、宇治に連れて行かれた浮舟は、

「母君がなんと思われるか」(〝母君の思ひたまはむこと〟)

と、母の意向を気にかけながら、そこに放置される日々が続きます。

それを嗅ぎつけた匂宮は、薫を装い、ついに浮舟を犯してしまう……。

全く以て浮舟は被害者以外の何ものでもないのですが、薫に放置されて寂しかった浮舟は、情熱的な匂宮を、「愛情深いとはこういうのをいうのだろうか」と思い、匂宮との密会を重ね、

そのことが薫に発覚してしまいます。

浮舟は薫と匂宮という男たちの板挟みになり、さらに母・中将の君が「娘がもしも、よからぬこと（浮舟の異母姉に当たる中の君の夫・匂宮と関係するようなこと）をしでかしていたら、どんなに悲しくてたまらなくても二度と会わない」と、人に語るのを聞いて、

「いっそう心も内蔵もつぶれる思いになる」（〝いとど心肝（こころぎも）もつぶれぬ〟）（「浮舟」巻）

当然です。浮舟にとって、唯一とも言える頼みの人……母に見捨てられることは、彼女にとって死ねと言うのと同じです。

「やはり、わが身を亡き者にしてしまいたい」（〝なほ、わが身を失ひてばや〟）

そう思った浮舟は、宇治川に身を投げてしまうのです。


長々説明しましたが、浮舟にとっての家族というのは、母と乳母だけだったのですね。

実際、自殺をはかった時は、異父きょうだいたちや中の君などのことも恋しく思い出していたのが、それを見ず知らずの僧（横川の僧都）に助けられ、記憶喪失の果てに、再び記憶を取り戻した時、彼女が恋しく思うのは、母と乳母でした（時折は、話し相手になっていた侍女のことも思い出すという具合です）。

そこへ、浮舟の生存を知った薫が来訪。さらに薫の文の使いとして異父弟が来訪するものの、浮舟は宛先違いを主張して、会おうとしません。

継父や異父きょうだいたちや異母姉、情をかわした薫や匂宮（彼らは浮舟にとって親族でもありますが）、恋しい母からさえも離れ、一切の血縁関係のない僧や尼のあいだで生きる。将来はどうかは分からぬものの、当面は生きていくことにしたのです。

浮舟や同居の尼たちはもちろん、横川の僧都も、結婚をしていないという意味では、「ひとりみ」です。

しかし、ひとりみイコールひとり暮らしというわけではありません。僧都はふだんは別の場所で暮らしていますが、尼たちは浮舟たちと同居しています。

ここには、ひとりみ同士の「疑似家族」（僧都や妹尼・母尼は肉親という意味での家族ですが）があります。

平安時代の物語に描かれた、血族でもなく姻族でもない家族……これは、近未来の家族形態の一つの可能性を指し示しているのではないでしょうか。

「疑似家族」ということで私がもう一つ思い出すのは、全員が「ひとりみ」とは限らないのですが、清少納言の『枕草子』の次の記述です。以下、逐語訳すると……。

「宮仕えする女房たちが退出して集まって、各自の主君の御事をお褒め申し上げ、御殿の中や殿方のことなどを、互いに語り合っているのを、その家のあるじとして聞くのは面白い。家は広くて清潔で、自分の親族はもちろん、親しくつき合うような人でも、宮仕えする人をこそ、あちこちの部屋に住まわせておきたいものだ。しかるべき折には一箇所に集まって、お喋りをして、人の詠んだ歌などをなにやかやと語り合わせて、その宮仕え人のもとに誰かから手紙がきたら、それを一緒に見て、返事を書いて、また親しく訪れて来る男がいる人には、清潔に部屋を整えて、雨など降って帰れなくなったら、いい感じにもてなして、その宮仕え人が主君のもとに出仕する時は、その世話をして、思い通りの有様にして、勤めに出してやりたいものだ。高貴な人の暮らしぶりがとても知りたくてたまらないのは、けしからぬ心なのかしら」(「宮仕へする人々の出であつまりて」段)

要は、宮仕え女房のための下宿屋の女主人になって、彼女たちの仕える主人の話を聞きたい、上流社会のゴシップを知りたいというわけなんですが……。

初めてこの段を読んだ時、ちょっと驚いたものです。

まず、宮仕え女房を集めて、その下宿屋を作りたいという発想に驚きました。

さらにその動機が、彼女たちの口から主君の噂話を聞きたいから……というミーハーぶりに。

当時の高貴な人たちというのは今でいう芸能人のようなもので、『源氏物語』にも、気楽な身分の人はいい、高貴な人はちょっと何かあると、すぐ動向が伝わって世間の噂のタネになるから不自由だ的なことが出てくるのです。

そういう噂を誰よりも早く知りたいというのは、分からぬでもありません。

いずれにしても彼女は、親族も含め、宮仕えする女房を一堂に集めて、その話を聞きたいと願ったのです。しかも宮仕え女房に、通って来る男がいる場合には、その男の世話もしてやろうと考える。その女房に子どもができたら独立していくにしても、それまでは女房の里のような役割を果たしてやろうというのでしょう。

シェアハウスと下宿屋と社宅のいいとこ取りをしたような清少納言の「妄想ハウス」……。千年前にこんな発想があったのは、返す返すも驚きです。

しかし考えてみれば、昔のほうが、他人同士の集団生活に慣れていた部分もあったのではないか。

まず内裏勤めは今でいう官公庁、大貴族の屋敷に仕えることは私企業に勤めるようなものです。が、今と決定的に違うのは、とくに女房は、公的な暮らしと私的な暮らしの境目があいまいなことです。たとえば紫式部のように彰子中宮に仕える女房であれば、彰子が後宮にいる時は、紫式部も後宮の局に控え、そこで寝泊まりをする。彰子が里邸に下れば、紫式部も付き従ってそこで寝泊まりをする。病気や物忌みがあれば、自分の里へ下がりますが、『紫式部日記』を読む限り、それはさして頻繁ではありませんでした。つまり、宮仕え女房はほとんどの時間、他人と寝起きを共にしていたのです（実家にも他人＝召使はいるわけです）。

江戸時代の大奥勤めにしても、屋敷奉公にしても、基本は泊まり込みで働いています。

長屋の暮らしも、他人同士が薄い壁一枚を境にして住んでいたわけで、前近代には、こうした他人同士の同居というのが、今よりずっとたくさんありました。

現代の日本で、他人同士が同居するといったら、学生の寮とか、介護施設などもこれに数えられるかもしれません。が、前近代よりは、限られた場所と時間に過ぎません。

前近代における「ひとりみ」は、現代人の想像するような「ひとりみ」とは違う。「ひとりみ」イコール「一人暮らし」ではなかったのです。

女房の下宿屋という清少納言の発想は、前近代のほうが、実現しやすいものだったのかもしれません。


翻って今の日本を顧みると、夫婦と、そこから生まれた子どもという血統関係を中心とする旧態依然とした戸籍制度が残っている。

特定の戸主を定めること自体、性差別や年齢差別につながり、時代にそぐわぬ感がありま す。それで政府もマイナンバーによって国民を把握する形にしていこうとしているのでしょうが、単身者世帯が最多となった今、ひとりみがひとりみのまま、安心してひとりで生きることができる社会を目指すと同時に、家族の形も男女の婚姻関係とか血縁にとらわれないものがあってもいいのではないか。そこで清少納言の思い描いた女房のための下宿屋よろしく、通って来る恋人の世話をしたり、してもらったり。生まれた子の世話もできたら……。

日本最古の文学にして歴史書の『古事記』に描かれた〝独神〟という謎の神々のように(↓

はじめに、第一章）、「結婚して一人前」という価値観からは遠く離れた世界で（『古事記』のできた時代がそうであったという意味ではありませんが）、性別も特定されぬまま、時には子を生んで、時には長老として夫婦神に指図するようなパワフルなひとりみの生き方ができたら……。

と、ひとりみにとって理想の未来を想像した時、ひとりみにとって必ずしも生きやすい社会だったとは言えない前近代の古典文学の世界が、心に浮かんでくるのは興味深いものがあります。

何百年と残る古典文学には、未来へのメッセージが込められていて、そこには、ひとりみの未来さえもあるのですね……。

いずれにしても、人間の最小単位はひとりです。

ひとりみが生きやすい社会というのは、結婚している人にとっても、事実婚を選択している人にとっても、誰かと暮らしている人にとっても、そうでない人にとっても、要は誰にとっても生きやすい社会なのではないか。旧態依然とした家族観は、同性婚や夫婦別姓の実現を遠ざけるだけでなく、介護離職やきょうだいリスクといった社会問題を深刻化させ、不幸な人を増やしているのではないか。単身世帯が急増している現状を鑑みれば、ひとりであることを単位に考えたほうが、すべての人にとって楽なのではないか。

そんなふうに思います。

おわりに

『源氏物語』でいちばん幸せなひとりみ、源典侍

前近代の「ひとりみ」について調べ、考え、書いていると、現代日本人の想像しがちな「伝統的な家族観」なるものが、いかにまやかしであるかを痛感します。

この思いは、古典文学を読むとたいてい感じるものなのですが、「ひとりみ」にフォーカスしても、やはり……という感じでした。

再三触れてきたように、十六・十七世紀に至って「皆婚社会」（鬼頭宏『人口で読む日本の歴史』）と呼ばれる、誰もが生涯に一度は結婚するものだという社会が訪れる以前には、結婚は特権階級にのみゆるされる営みで、大半の人は、ひとりみのまま生涯を終えていた。といっても子を持たぬというわけではなく、シングルマザーやシングルファザーも多かったのです。

「ひとりみ」はいわば社会のマジョリティでした。

しかし、見てきたように、前近代のひとりみで、自らそれを選んだ人は少ない。「結婚したくないからしない」とか「ひとりみでいたいと思うから、ひとりみでいる」というような人はほとんどいなかったのです。

下人や次男・三男であるとか、貧しさゆえに結婚できない人々のほか、巫女的な立場であったり、高貴な内親王や女帝であったり、大奥につとめているなど、様ざまな立場や事情ゆえに、ひとりみを強いられる人、望まれぬ子であるがゆえに僧籍に入れられる人等々、自分の意志とは無関係に、ひとりみを選ばざるを得ない人々が大半でした。

そうした事実を踏まえ、この本では、「ひとりみ賛美」に陥らぬように、淡々と昔のひとりみを紹介したつもりです。

我々はなぜ結婚するのか

とはいえ、前近代において、自ら選べなかったというのは、結婚「できる」特権階級の人々にも同じことが言えます。

平安時代の大貴族の娘が結婚しないというチョイスをすることは難しく、江戸時代の将軍はもとより、旧家の長男など、後継者が必須の立場に生まれた者は、自分の意志がどうであれ、結婚しなければならず、相手さえ自分で選べぬ場合も多かったのです。

そういう意味で、第七章で紹介した『竹取物語』のかぐや姫と竹取の翁のやり取りは画期的でした。

「この世の人は、男は女と結婚する、女は男と結婚する。そうしたのちに、一門が繁栄するのです。どうして結婚せぬままお過ごしになれましょう」

と言う竹取の翁にかぐや姫はこう返したものです。

「なぜ結婚なんてことをするのでしょう」（〝なんでふ、さることかしはべらむ〟）

と。結婚をするもしないも選択の余地のほとんどなかった時代に、そもそも結婚ってなんですするの？　しなくてはいけないものなの？　という疑問を投げ掛けたのです。

これに対して竹取の翁は、

「変化（へんげ）の人でいらしても、女の体をお持ちです」（〝変化の人といふとも、女の身持ちたまへり〟）

と答えます。なぜ結婚するのか？といった疑問は、人間ならぬ〝変化の人〟であるかぐや姫だからこそ口にできたとはいえ、女の身を持っているじゃないか、ならば結婚し、〝門広く〟（一門を広げる）することが、ひとかどの立場の者のとるべき道であるというわけです。ここには当時の人を縛る規範意識が見てとれます。

翻って今はどうなのか。

私たちはなぜ結婚するのか。

なぜ結婚したいと思うのか。

相手のことが好きだから？

親を安心させたいから？

社会的信用のため？

子どもができたら籍を入れたほうが税制上有利だし何かと安心だから？

好きな人はいないけれど、結婚しないまま年老いて一人暮らしは寂しいし、経済的にも不安だから結婚相手を探したい、事実婚だと相手が心変わりしたり死別したりした時、保障がないから心もとないというので結婚したい人もいるでしょう。

現代日本で、結婚しよう、したいと思う理由は、人によりけりのはずです。


そもそも少子化が叫ばれ、貧困問題が深刻化する中、前近代同様、結婚できるだけましで、結婚したくてもできない「ひとりみ」が増えているのも事実です。

しかし、ひとりみにしても結婚にしても、「ねばならない」という縛りは、昔よりはずっと薄れています。

もちろん、国を挙げて少子化対策を推進する中、「結婚せよ」という圧はそれなりにあります。結婚せずとも安心して子どもを持てる社会にはまだまだ到達していないという日本の現状では、なおさらです。

だとしても、前近代と比べれば、結婚するとかしないといった選択が個人に委ねられている部分はずっと大きい。

結婚相手も基本的には自分で選べるし、結婚できる状況であっても、「しない」という選択も可能です。

身分や仕事、立場によって、ひとりみ以外のチョイスがない場合が多かった前近代の人々とは、そこが大きく違います。

本書では、それら、ひとりみ以外のチョイスがない前近代の人々のほか、性的志向によりひとりみを余儀なくされている、現代日本人にも通じるひとりみも紹介しました。

数少ない例ではあるけれど、「わらしべ長者」のような、結婚できるのにひとりみを選ぶ男、『竹取物語』のかぐや姫や『源氏物語』の浮舟のように、結婚を押しつけられる中で家族を離れ、ひとりみを選んだフィクションの女たちも紹介しました。

結婚をするもしないも個人的な意志では選びにくかった前近代に、そうした人々の物語が作られ、広く受け入れられた背景には、いつの世にも変わらぬ「自由」への希求といったものがあるでしょう。

そして、安らぎを与えてくれると思っていた家族が、時に自分を苦しめる元凶、凶器にもなり得るという、「家族」というものへの、かすかな不信感と疑念が、昔の人にもあったからではないかと思うのです。

ひとりみについて考えることは、結婚とは、家族とは何かについて考えることでもありました。

ひとりみであっても必ずしも一人暮らしではなかった前近代、ひとりみでありながら子を持つ性別不明の原初の〝独神〟……。

古典文学や歴史書のひとりみは、未来の家族のあり方にも示唆を与えてくれました。

私の考える理想のひとりみ……源典侍

そんな中、私が理想的に感じる、フィクションの中のひとりみがいます。

『源氏物語』の源典侍（げんのないしのすけ）です。

彼女は、五十七、八歳になっても、源氏の父・桐壺帝のお気に入りとして重用されていたという設定です。桐壺帝は、年は取っても性愛方面のことは現役で、召し使う女たちも、容姿才気の優れた者にはとくに心をかけていた。そのため、〝よしある宮仕人（みやづかへ）〟が多い時世であったと物語は言います。そんなミカドのもと、源典侍は、内侍司（ないしのつかさ）の次官をつとめていた。長官の尚侍（ないしのかみ）はミカドの妻を兼ねることが多かったため、典侍は実質トップと言っても良い。

この典侍は、

「身分も高く、心配りも優れ、上品で人々の信望もある」（〝人もやむごとなく心ばせあり、あてにおぼえ高く〟）（「紅葉賀（もみじのが）」巻）

という、立派な人物です。しかし、

「物凄く浮気な性分」（〝いみじうあだめいたる心ざま〟）で、色恋方面では重々しくない。

年を取っても好色な桐壺帝にふさわしい部下であるわけですが、桐壺帝はそれを茶化されることはないのに、浮気な典侍は、『源氏物語』では笑われ役となります。

源氏に「いい年をしてなぜこうも乱れているのか」と不審に思われ、ちょっかいを出されても、典侍は不似合いとも思わない。

源氏は呆れながらも、さすがにこうした相手も面白く思い、関係します。が、もちろん典侍に惚れ込むということはなく、高齢に同情しながら渋々関係するという形です。

源氏が裳の裾を引き動かすと、振り返った典侍の様は、

「じっと流し目でこちらを見ているが、まぶたはすっかり黒ずみ落ちくぼんで、髪もたいそうほつれて毛羽立っている」

という有様。

源氏の目から見た老醜がこれでもかと描かれます。

こんな典侍ではありますが、源氏との関係を知った、源氏の親友の頭中将も好奇心を抱いて、典侍と関係するのです。

なんと典侍は、十九、二十歳のイケメン貴公子二人と関係する。

しかもこうした若い者との交流を〝似げなくも思はざりける〟（自分に不似合いとは思わ

ないのだった）という自己評価の高さ。

これは羨ましい。

結局、典侍は、源氏と頭中将の絆を深めるだけの笑われ役として描かれるとはいえ、六十近い高齢で仕事も現役、性も現役というのは、素晴らしいことではないでしょうか。

作者の紫式部も、典侍を笑われ役として描きながらも、『源氏物語』の女たちの中ではかなり幸運な人物として設定しています。

それというのも源氏と関係してから十数年の歳月が経った時のこと。

思慕する藤壺中宮を亡くした源氏は、高貴な貴婦人を求め、いとこの朝顔の姫君（↓第十五章）に執心していました。

姫君は当時、父を亡くして斎院を退き、故父の住んでいた桃園の屋敷に戻っていた。そこにはやはり独身の叔母の女五の宮がいたため、源氏は妻の紫の上への気遣いなどから、この女五の宮の見舞いにかこつけて、桃園邸に通っていた。

女五の宮を見舞った源氏は、女五の宮の姉の大宮が、女五の宮より年上であるにもかかわらず、「理想的で若々しい」と感じます（大宮は亡き葵の上や頭中将の母）。一方の女五の宮は、声は太くて、ごつごつした感じである、と。それを作者は、

「それはそういう事情があるのだ」（〝さる方なり〟）（「朝顔」巻）

と言い、日本古典文学全集の注は、

「葵の上の母宮は、太政大臣の妻としてはなやかに暮らし、女五の宮は、長い独身生活で、人柄も境遇も違っているのでおのずからこのような差が生じた、の意」（『源氏物語』二）と解説します。

これは独身というか、男っ気のないまま、きてしまったことを言わんとしているのかもしれないとも私は思うのですが……。

いずれにしても、平安中期のひとりみ女性に対する世間の冷ややかな視線を反映するような箇所です。

さてそんなころ、後日、またしても女五の宮の見舞いにかこつけて桃園邸を訪ねた源氏は、衝撃の再会を果たします。

いつものように女五の宮のもとで話をしていると、女五の宮はあくびをしだして、〃いびき〃までかきはじめた様子。源氏がこれ幸いと部屋を出ようとした時、また〃いと古めかしき咳（しはぶき）〃をしながら近づいてくる人がいる。そして、

「畏れ多いことながら、お聞き及びになっているのではと心頼みにしておりますのに、この世に生きている者の数にも入れて下さらないようで。亡き院の上（桐壺院）は、〃祖母殿（おばおとど）〃（おばば殿）と言ってお笑いになっていらっしゃいました」

と名乗る女は、あの源典侍ではありませんか。

彼女は尼になって、女五の宮の御弟子として勤行（ごんぎょう）していたのです。源氏はそうとは聞い

ていたものの、まさか今も生きているとは思わなかったので、驚き呆れます。

そして、今しも老いがきたかのように語る典侍に、苦笑しながらも、〃あはれなり〃と、しみじみ胸打たれる気持ちになる。

「典侍が働き盛りのころに張り合っていた女御や更衣は、あるいは故人となり、あるいは生きているかいもなく、はかない世の中にさすらっておられる方もいるらしい。若くして亡くなられた入道の宮（藤壺）の御年といったら……」

「呆れるしかない世の中で、年からいって余命いくばくもなさそうで、心構えなどもしっかりしてないように見えた典侍が生き残り、のんびり勤行をしてきたとは……」

と思うと、

「やはり万事、無常な世の中なのだ」

と感慨にふけらずにいられません。

そんなしんみりとした源氏の面持ちに、典侍は、

「心ときめいて、若やいでいる」（〃心ときめきに思ひて、若やぐ〃）

というのですから、どこまでも幸せな女ではありませんか。

この時、典侍は七十歳か七十一歳。

早死にや病気がちな女君の多い『源氏物語』の中では、相当の健康長寿を保っています。

同じひとりみでも、女五の宮がすっかり老け込んでいるのに対し、好色な典侍が、出家後

も若々しく色めいて、冗談事を言っているのも頼もしい。

何より、親族でもない皇族の屋敷で、ちゃっかり居場所を得て、生き延びているのが素晴らしい。

紫式部は、老いてなお好色なひとりみの源典侍を、茶化しながらも、決して不幸な女としては描いていないのです。

これは何だかホッとするし、他の女君のように男関係で苦しんだり、子や親のことで悩んだりすることのない典侍が、羨ましくも感じられます。

もちろん現実はこんなふうにうまくいくものでないのは百も承知です。

ひとりみ男性の結婚のしづらさ、ひとりみのまま高齢になった女性の貧困問題、孤立感や孤独感のもたらす心身への影響など、現代日本のひとりみを取り巻く環境は、まだまだ厳しいものがありますし、平安時代にしても源典侍のようなラッキーなひとりみ女性は一握りだったに違いありません。

それだけになおさら、疑似家族のような共同体で、お堅い女主人の女五の宮、源氏に求められてやまぬ朝顔の姫君といった、いずれもひとりみの個性もとりどりの貴婦人たちと共に、穏やかに平和に暮らしながら、時に源氏という心ときめく訪問者もいて、そうした者への対応も、ユーモラスに、自分流にこなす典侍の姿が輝いて見える。

そんな典侍の姿に、ひとりみの老後の一つの理想を見る思いがするのです。

『ひとりみの日本史』索引式年表

@数字は章ナンバー

弥生時代終末期

・倭の女王・卑弥呼は〝夫壻なく〟(三世紀『魏志倭人伝』)@2

古墳時代

・年齢の近い男女二人が合葬されていた場合、かつては先入観から夫婦と断定されていたが、最新の研究によりキョウダイと判明。@1

七一二

『古事記』

・夫婦神が現れる前、七柱の〝独神(ひとりがみ)〟たちが現れ、うち五柱の独神たちは〝別天(ことあま)つ神〟(別格神)。@はじめに、@1(『日本書紀』では独神に相当するのは三柱の〝純男(ひたを)〟@1)

・雄略天皇に見初められた引田部赤猪子、天皇の命を八十年以上待ち独身。巫女説も。@2

七一三〜七一五ころ

『播磨国風土記』

・父のない子を生んだ女神、諸神を集め、子が酒を捧げた神を父と認定。@1

七二〇

『日本書紀』

・卑弥呼に比定される神功皇后は、執政前には夫がおり、夫死後、子(応神天皇)を出産。@2

・イヒドヨ(飯豊皇女)、夫と性交後、〝終に男に交ることを願はじ〟とひとりみに。@2

八世紀

『継嗣令』

・諸王は親王(内親王)と、臣下は五世の王(女王)と結婚できる。五世の王は親王(内親王)と結婚できない。@3

平安前期

『伊勢物語』

・在原業平と恬子(やすこ)内親王の密通スキャンダルがタイトルの由来。@3

『竹取物語』

・かぐや姫は、五人の男たちやミカドの求婚を袖にして月へ帰る。@はじめに

・結婚拒否の物語の元祖。@7

平安時代

『聖徳太子伝暦』

・聖徳太子が墓を造る際、「子孫を絶滅させたい」と指示。@はじめに

平安中期

『うつほ物語』

・今の世の男は、どんなに美人でも財産がなければ、あたりの土すら踏まない。@4

・天皇妃の不満を描く。@7

十世紀末ころ

『落窪物語』

・継母、落窪の君を結婚させずに、一生こき使おうと企む。@13

・継母、落窪の君が貴公子を通わせていると知ると、屋敷に部屋住みする、独身の貧乏な六十歳の叔父に犯させようとする。@13

一〇〇〇ころ

『枕草子』

・清少納言、宮仕えする女房たちを集めた家の主人になりたいと記す。@15

一〇〇八ころ

『源氏物語』

・皇女はひとりみがデフォルト。@3

・『竹取物語』の結婚拒否の思想を受け継ぐ。@7

・主人公・源氏の子は三人。妻たちの平均出産数は〇・五人。恋人たちの平均出産数は〇・四人。@15

・浮舟、出家し、「これで結婚しなければと思わずに済む」と胸が晴れる。@15

・浮舟、血縁のない尼たちと疑似家族。@15
・五十七、八歳で十九、二十歳の源氏や頭中将と関係した源典侍、晩年（七十、七十一歳）は尼になり、同じく尼の女五の宮や、朝顔の姫君と同居。@おわりに

平安中・後期

『栄花物語』
・藤原道長、三条天皇の東宮時代に入内した娘・妍子が皇子ではなく皇女を生み、残念がる。@7
・（『小右記』によれば、露骨に落胆　@7）

平安中期〜後期

『伊勢物語』や『小町集』をもとに小町零落説話が形成。@14

平安中期〜末期

『玉造小町子壮衰書』
・多くの男の求婚をしりぞけた末、親兄弟と死別、ひとりみのまま没落。のちに平安初期の小野小町と重ねられる。@14

平安後期

『大鏡』
・藤原師輔、醍醐天皇の皇后腹の皇女・康子内親王に通う。師輔の兄・実頼、非難。@3

平安末期

『今昔物語集』
・貧乏で結婚できない女たち。@4
・貧乏ひとりみ男だったわらしべ長者、出世してもひとりみ。@4

一一七四〜一一七五

『今鏡』
・藤原宗輔、北の方も持たず、幼い童女を大勢ふところに寝かせる。@13
・（南北朝時代『尊卑分脈』によれば妻子あり　@13）

十二世紀後半

『宝物集』
・紫式部は妄語の罪で死後、地獄に墜ちる。@14
・（『今鏡』の編者は妄語の罪には当たらないと紫式部を

弁護（@14）

十三世紀初め

『無名草子』

・行き倒れた小町の髑髏の目からススキが生えるも、通行人がススキを抜いてやると、小町は歌をうまく詠めるようにしてやる。@14

・清少納言は晩年、乳母子に連れられて地方に下って零落。@14

鎌倉初期

『愚管抄』

・八条院暲子内親王、天皇候補に。@4

・八条院は大量の荘園の持ち主で、ひとりみながら多くの皇族の猶子を持つ。@4

『たまきはる』

・八条院暲子内親王の暮らしぶり。@4

鎌倉時代

『平家物語』

・小町が零落したのは多くの男たちの求婚を強情に拒んだため。@14

一二一二～一二一五

『古事談』

・平安中期の成尊僧都は父・仁海僧正と女房の子。女房は密通の発覚を恐れ、成尊に水銀をのませたが、命は助かるも性器が未発達となり、男女において不犯の人に。@3

・零落した清少納言、男と間違えられて殺されそうになったため前をはだけて陰部を見せる。@14

一二五二

『十訓抄』

・小町はすべての男を見下し、天皇妃を目指した末、親兄弟に死別、〝単孤無頼のひとり人〟となり零落。@14

鎌倉中期

『沙石集』

・道行く人に「結婚」を勧める半身不随の僧。@3

『とはずがたり』

・作者・二条の父、「髪をつけたまま好色の名を家に残すな、ただし出家後はどんなことをしても差し支えない」と遺言。@3

南北朝時代（鎌倉末期）

『徒然草』

・〃子といふ物なくてありなん〃　@はじめに、@3

室町初期

・不遇な後崇光院（貞成王）の元服は四十歳。@4

十六・十七世紀

・「だれもが生涯に一度は結婚するのが当たり前という生涯独身率の低い『皆婚社会』が成立」（鬼頭宏『人口から読む日本の歴史』）。@はじめに

江戸時代

・皇女の七割が未婚で、そのうち八割近くが尼寺へ入寺。@3

・大奥の女たちは勤務中は独身を貫いた。@5

・徳川氏は、強い外戚を持たぬことで権力維持。@6

・「穴無し小町」の俗説流布。@14

江戸初期

・初代市川団十郎が三十代の時、役者としての成功を願い、女色・男色の交わりを絶つと誓う（武井協三『江戸歌舞伎と女たち』）。@11

一六七二

『貝おほひ』

・〃われもむかしは衆道ずき〃と少年好きをカミングアウトした松尾芭蕉は生涯独身。@12

一七一四

・江島生島事件　御年寄の江島の失脚事件。@5

・奥会津の村では、世帯平均子ども数は一・一六人。@10

一七四八

・同じ奥会津の村では、世帯平均子ども数は一・二五人。@10

一七六四

『江戸男色細見』
・男娼店ガイドブックも出している平賀源内、生涯独身。@12

一八世末～一九世紀初め
・子どもの数を一人から二人に限定したいという文書は珍しくない。@10

一八〇二～一八一四
『東海道中膝栗毛』
・当初の設定は〝独住〟だった弥次さん喜多さん。@12

一八一一
『むかしばなし』（只野真葛）
・妻子に極端な節約を強いる金持ち男。@9

一八二五
『兎園小説』
・『独考』を書いた只野真葛（工藤綾子）を紹介。親に決められた二度目の結婚では「死んだ」身となったと伝える。@8

一八二六～一八四〇
播磨国の日飼村の宗門人別改帳
・平均結婚年齢は、男性二十九・九歳、女性二十四・四歳。@10

江戸後期
・上臈御年寄の姉小路、老中・水野忠邦に、奥女中の贅沢を擁護。@5
・小林一茶、相続争いが長引いたため、長男ながら初婚は五十二歳。@4

『民家要術』（宮負定雄）
・〝孫は一人か二人あれば多くは不用のものじや〟と間引きの手引きをする姑。@10

幕末
・都市部の婚姻率は低く、江戸の男性の半数、京の男性の六割近くが独身。@はじめに
・晩婚化と少子化が進む。@10
『昔夢会筆記――徳川慶喜公回想談』

・大奥の老女（御年寄）の権力は老中以上。@5

近代

・東北の山形県などで、独身のまま死んだ子のため、あの世での幸せと結婚を願った「ムカサリ絵馬」を奉納。@14

二〇二〇

国勢調査

・一般世帯のうち、世帯人員が一人の単身世帯（単独世帯）は三八・一%。二〇一五年と比べると、「単独世帯」は一四・八%も増え、一般世帯に占める割合は三四・六%から三八・一%に上昇。@はじめに

二〇二一

・単身の高齢女性、四割が貧困。@3

・男性は収入と婚姻率が比例、女性は年収が上がるほど未婚率が高まる。@4

二〇二三

・自治体のお見合い企画で、男女の参加資格者に年齢差をつけることが問題視される。@14

参考文献・原典

★主な参考文献については本文中にそのつど記した。
★参考原典　本書で使用した原文は以下の本に依る。

- 阿部秋生・秋山虔・今井源衛＝校注・訳『源氏物語』一〜六／日本古典文学全集／小学館／一九七〇〜一九七六年
- 吉田英哲・奥田清明＝監修、奥田清明＝書き下し『書き下し『聖徳太子伝暦』』／世界聖典刊行協会／一九九五年
- 片桐洋一＝校注・訳『竹取物語』、福井貞助＝校注・訳『伊勢物語』……『竹取物語 伊勢物語 大和物語 平中物語』／日本古典文学全集／小学館／一九七二年
- 永積安明＝校注・訳『徒然草』……『方丈記 徒然草 正法眼蔵随聞記 歎異抄』／新編日本古典文学全集／小学館／一九九五年
- 山口佳紀・神野志隆光＝校注・訳『古事記』／新編日本古典文学全集／小学館／一九九七年
- 馬淵和夫・国東文麿・稲垣泰一＝校注・訳『今昔物語集』二／新編日本古典文学全集／小学館／二〇〇〇年
- 小島憲之・直木孝次郎・西宮一民・蔵中進・毛利正守＝校注・訳『日本書紀』一〜三／新編日本古典文学全集／小学館／一九九四〜一九九八年
- 植垣節也＝校注・訳『風土記』／新編日本古典文学全集／小学館／一九九七年
- 和田清・石原道博＝編訳『魏志倭人伝・後漢書倭伝・宋書倭国伝・隋書倭国伝』／岩波文庫／一九五一年
- 井上光貞・関晃・土田直鎮・青木和夫＝校注『律令』／日本思想大系新装版／岩波書店／一九九四年
- 橘健二・加藤静子＝校注・訳『大鏡』／新編日本古典文学全集／小学館／一九九六年
- 倉本一宏『藤原行成「権記」』全現代語訳 上・中・下／講談社学術文庫／二〇一一・二〇一二年
- 川端善明・荒木浩＝校注『古事談・続古事談』／新日本古典文学大系／岩波書店／二〇〇五年
- 東京大学史料編纂所＝編纂『小右記』三・五／大日本古記録／岩波書店／一九六四・一九六九年
- 山中裕・秋山虔・池田尚隆・福長進＝校注・訳『栄花物語』一〜三／新編日本古典文学全集／小学館／一九九五〜一九九八年
- 久保田淳＝校注・訳『建礼門院右京大夫集 とはずがたり』／新編日本古典文学全集／小学館／一九九九年
- 中田祝夫＝校注・訳『日本霊異記』／新編日本古典文学全集／小学館／一九九五年

- 小島孝之＝校注・訳『沙石集』／新編日本古典文学全集／小学館／二〇〇一年
- 矢羽勝幸＝校注『一茶 父の終焉日記・おらが春 他一篇』／岩波文庫／一九九二年
- 中野幸一＝校注・訳『うつほ物語』一～三／新編日本古典文学全集／小学館／一九九九～二〇〇二年
- 岡見正雄・赤松俊秀＝校注『愚管抄』／日本古典文学大系／岩波書店／一九六七年
- 三角洋一＝校注『たまきはる』……『とはずがたり たまきはる』／新日本古典文学大系／岩波書店／一九九四年
- 市古貞次＝校注・訳『平家物語』一・二／日本古典文学全集／小学館／一九七三・一九七五年
- 高橋貞一『訓読玉葉』八／高科書店／一九九〇年
- 大久保利謙＝校訂『昔夢会筆記――徳川慶喜公回想談』／東洋文庫／平凡社／一九六六年
- 大曾根章介＝校注『新猿楽記』……『古代政治社会思想』／日本思想大系／岩波書店／一九七九年
- 『むかしばなし』『奥州ばなし』『独考』『真葛がはら』馬琴著『独考論』……高田衛・原道生＝責任編集、鈴木よね子＝校訂『只野真葛集』／叢書江戸文庫／国書刊行会／一九九四年
- 日本随筆大成編輯部＝編『兎園小説』／日本随筆大成／新装版／吉川弘文館／一九七三年
- 中野幸一＝校注・訳『紫式部日記』……『和泉式部日記 紫式部日記 更級日記 讃岐典侍日記』／新編日本古典文学全集／小学館／一九九四年
- 小野武夫＝編『民家要術』……『近世地方経済史料』五／吉川弘文館／一九五八年
- 青木和夫・稲岡耕二・笹山晴生・白藤禮幸＝校注『続日本紀』一～五／新日本古典文学大系／岩波書店／一九八九～一九九八年
- 永原慶二＝監修、貴志正造＝訳注『全譯吾妻鏡』一／新人物往来社／一九七六年
- 村松友次＝校注・訳『貝おほひ』序、井本農一・久富哲雄＝校注・訳『嵯峨日記』『笈の小文』……『松尾芭蕉集』二／新編日本古典文学全集／小学館／一九九七年
- 鈴木棠三＝校注『醒睡笑』下／岩波文庫／一九八六年
- 暉峻康隆＝校注・訳『好色一代男』……『井原西鶴集』一／新編日本古典文学全集／小学館／一九九六年
- 暉峻康隆＝校注・訳『男色大鑑』……『井原西鶴集』二／新編日本古典文学全集／小学館／一九九六年

・岸得蔵＝校注・訳『田夫物語』……『仮名草子集 浮世草子集』／日本古典文学全集／小学館／一九七一年
・『江戸男色細見』(菊の園)……国立国会図書館デジタルコレクション
・中村幸彦＝校注『東海道中膝栗毛』／日本古典文学全集／小学館／一九七五年
・三谷栄一・三谷邦明＝校注・訳『落窪物語』……『落窪物語 堤中納言物語』／新編日本古典文学全集／小学館／二〇〇〇年
・浅見和彦＝校注・訳『十訓抄』／新編日本古典文学全集／小学館／一九九七年
・竹鼻績 全訳注『今鏡』上・中・下／講談社学術文庫／一九八四年
・杤尾武＝校注『玉造小町子壮衰書』／岩波文庫／一九九四年
・桑原博史＝校注『無名草子』／新潮日本古典集成／新潮社／一九七六年
・小泉弘・山田昭全＝校注『宝物集』……『宝物集 閑居友 比良山古人霊託』／新日本古典文学大系／岩波書店／一九九三年
・井上光貞・大曾根章介＝校注『日本往生極楽記』『大日本国法華経験記』……『往生伝 法華験記』／日本思想体系／新装版／続・日本仏教の思想／岩波書店／一九九五年
・坂本幸男・岩本裕＝訳注『法華経』上・中・下／岩波文庫／一九七六年(改版)
・松尾聰・永井和子＝校注・訳『枕草子』／新編日本古典文学全集／小学館／一九九七年
・黒板勝美・国史大系編修会＝編『尊卑分脉』一〜四・索引／新訂増補国史大系／吉川弘文館／一九八七〜一九八八年

大塚ひかり

一九六一年生まれ。早稲田大学第一文学部日本史学専攻卒業。『源氏物語』全訳六巻（ちくま文庫）、『女系図でみる驚きの日本史』（新潮新書）、『ジェンダーレスの日本史』（中公新書ラクレ）、『ヤバいBL日本史』（祥伝社新書）、『くそじじいとくそばばあの日本史』『やばい源氏物語』（ポプラ新書）、『嫉妬と階級の『源氏物語』』（新潮選書）、『傷だらけの光源氏』（辰巳出版）など著書多数。趣味は年表作りと系図作り。

ひとりみの日本史

二〇二四年五月一〇日　第一刷発行

著者　大塚ひかり
発行者　小柳学
発行所　株式会社左右社
東京都渋谷区千駄ヶ谷三-五五-一二-B1
TEL　〇三-五七八六-六〇三〇
FAX　〇三-五七八六-六〇三二
http://www.sayusha.com
装画　丸山一葉
ブックデザイン　鈴木成一デザイン室
印刷　株式会社シナノパブリッシングプレス

 ISBN978-4-86528-408-9